Georges Orvel
et
Pierre Larrebourg

Prends ça dans (pré)face !!!

Cinquante nuances de venin servies en hors d'oeuvres

Introduction :

In liminaria venenum…

Il y a des auteurs qu'une préface bien sentie parodie mieux qu'une imitation ou un pastiche.

Peut-être parce qu'ils sont inimitables au sens premier du terme.

Mais plus sûrement parce que leurs écrits sont déjà en eux-mêmes une forme de parodie et que la lecture d'une ou deux pages au plus mais, convenablement éclairée par une préface assassine, suffit à produire l'effet comique, au moins au second degré.

La préface, d'ailleurs souvent rédigée par l'auteur lui-même, est traditionnellement un exercice convenu, alternant cuistreries inutiles et flagorneries.

Rendons-lui enfin une utilité en présentant les choses telles qu'elles sont.

Relevons le goût fade du papier des pages liminaires par une petite pointe de venin.

Personne n'en mourra.

C'est là tout l'objet de ce petit livre.

Avant-propos

Deux mots d'abord, l'un sur le choix des auteurs l'autre sur leur ordre de présentation.

Pour un éditeur un "grand" écrivain est un auteur:

- mort (comme ça il ne peut plus demander d'avance)

- mais mort depuis pas trop longtemps (pour ne pas être tombé dans le domaine public et éditable par tous)

- ayant laissé de nombreux rogatons (livres inachevés, scénarios, fragments, correspondance…) remixables en comptant sur l'avidité des héritiers

- ayant bénéficié de son vivant une exposition médiatique lui assurant des ventes quasi-automatiques.

En effet, pour un éditeur, Pierre Bellemare est un plus grand écrivain que Marguerite Yourcenar parce qu'il a vendu plus de livres. Idem pour Gonzague Saint-Bris et Patrick Poivre d'Arvor par rapport à Nicolas Bouvier ou à Christian Bobin.

 Et d'une certaine façon c'est légitime.

Les gens ont voté avec leur porte-monnaie, souvent peu garni.

Leur choix, comme tout vote populaire, mérite le respect.

 Du coup notre sélection reflète aussi les goûts du public le plus large.

Une remarque sur l'ordre de présentation en second lieu.

Les Anglo-Saxons utilisent, pour ranger les rayons de leurs librairies et de leurs bibliothèques, une distinction commode : fiction/non-fiction.

Pourtant quand on essaie de l'appliquer à la production littéraire française, elle s'avère totalement impraticable.

Quoi de plus mensonger en effet qu'une autobiographie, ce "misérable petit tas de secrets" comme disait Malraux ?

Quoi de plus artificiel qu'une reconstitution historique ?

Quoi de plus partiel et partial qu'un essai prétendant exposer une solution unique, simple et rapide à des problèmes complexes voire éternels ?

Quoi de plus vrai, en revanche, que de pures fictions touchant à l'universel comme Madame Bovary ou Le Voyage au bout de la nuit ?

Confronté à cet état de fait, nous avons choisi... l'ordre alphabétique.

Par son côté arbitraire, il est générateur de rencontres fortuites et poétiques, de rapprochements incongrus, comme celui d'une machine à coudre et d'un parapluie sur une table de dissection, comme l'écrivait joliment Lautréamont.

Cet ordre-là en vaut bien un autre.

Sommaire
Préface pour des clônes de...

~ 13 ~

Préface pour un clône de Claude Allègre

1.
Claude Alaigre

"Et pourtant elle ne chauffe pas"

Claude Alaigre a oublié d'être doux.

Et c'est ce qui fait son charme.

Il aime aller à contre-courant, ce que sa masse lui permet.

Il avait essayé, en vain, de "taillader le diplodocus" de l'éducation nationale.

Le dit dinosaure l'avait alors, après un temps de latence (le dinosaure, comme le goth, est lent, mais puissant) balayé d'un revers de queue.

Il entame ici un nouveau combat, seul contre tous : prouver que la terre ne se réchauffe pas.

D'où l'allusion à Galilée luttant seul contre les préjugés de son temps "et pourtant elle tourne".

Mais cette fois ce n'est pas Don Quichotte qui fonce sur les moulins.

C'est Sancho Pança et il est assez gros pour les ébranler.

Pas de parodie, à quoi bon ?...

Préface pour un clône de

WoodyAllen

2.
Woody Fallen

"Ne m'appelez plus jamais
en France"

On surnomme Woody Fallen le "bien nommé" par ce qu'il est tombé bien bas.

En bon juif new-yorkais névrosé et masochiste, il préface ses mémoires par un des points les plus bas de sa carrière : quand il a fait tourner dans un de ses derniers films la première dame française, qui n'aurait sans doute pas passé l'étape du pre-casting si elle s'était appelé Duchmol.

Qu'importe, la mise à disposition gratuite d'un des plus beaux décors urbains du monde, la place de la Concorde, la Madeleine et les quais de Seine, vierges de toute circulation en plein après-midi, valait bien trente-deux prises et le dédain amusé d'un pays de cinéphiles qui l'avaient jusque-là adulé.

Reste qu'il est maintenant en délicatesse aussi avec ses douteux commanditaires qui ne lui ont pas pardonné d'avoir réduit la scène à quelques secondes au montage dans l'espoir -vain- de sauver la qualité artistique du film.

Du coup de peur de faire l'objet d'un attentat de la part des services spéciaux français chargés des basses ouvres du président . il n'ose plus répondre aux invitations du festival de Cannes.

Par comparaison une expérience similaire avec la fille du président ouzbekistanais, Gogoosha, a été une partie de plaisir

Pas de parodie , à quoi bon

Préface pour un clône de

Christine Angot

3.
Charline Tangot

"Papa bravo"

Charline Tangot est unanimement saluée comme une des nouvelles voix de la littérature française.

Enfin si l'on peut appeler une voix quelque chose qui tient plus du cri primal haché et d'un délire verbal célinien, l'attrait de l'argot en moins.

La critique salue aussi sa richesse thématique :

Deux sujets seulement, mais explorés à fond, fouaillés presque :

Elle et son sexe.

On est donc dans la scie.

Circulaire.

De celle qui coupe les poutres.

A ras.

Préface pour un clône de

Raymond Aron

4.
Raymond Hargnon

"J'aime mieux avoir tort comme Pinochet que raison comme Helmut schmitt. Essai sur le despotisme occidental "

On connait le concept de "despotisme oriental" de Montesquieu, c'est d'ailleurs, soyons honnêtes, après tout ce qu'on connaît encore de lui, ,avec la loi des climats et le titre des lettres persanes.

Raymond Hargnon lui donne aujourd'hui un complément, le despotisme occidental.

Le despotisme occidental est selon lui l'enfant bâtard de l'Etat providence et de la social-démocratie. Friedrich Hayek (qui rappelons-le a fini ses jours avec une retraite de professeur d'université publique allemande après que le fonds de pension de son université américaine privée ait fait faillite), a enfin trouvé du renfort, et quel!

Raymond Hargnon a assisté de son vivant à la défaite de ses adversaires marxistes et, chose curieuse, cette perspective l'a terriblement déprimé.

On n'existe que parce que l'on s'oppose.

Ses joutes verbales avec une intelligentsia entièrement acquise au marxisme stalinien dans les années cinquante ou à ses variantes freudo-marxiste et maoïste dans les années soixante et soixante-dix avait donné un sens à sa vie, lui avait fourni l'occasion de s'échauffer, lui, le patricien froid que rien, jamais, ne déridait.

Mais cette victoire par effondrement l'effondrait aussi, il se trouvait seul sur le ring, vieux boxeur triomphant mais sans plus personne pour l'applaudir ou mieux encore le huer.

La vieille tortue avait beau sortir son long cou décharné de sa carapace et faire claquer son bec aiguisé, il n'y avait plus de salade rouge, de trévise, de chicorée, de lollo rossa ou de raddiccio à déchirer.

Au soir de sa vie donc, il a été profondément déçu de ce que les socialo-communistes en 1981 n'aient pas fait un seul mort comme il l'espérait.

Pas même les passagers d'une Rolls déséquilibrée par une cargaison mal arrimée de lingots dans les routes en lacets du côté du jura qui mènent à la suisse.

Raymond Hargnon s'est donc cherché de nouveaux ennemis là où il a pu en trouver, c'est à dire non plus à l'extrême gauche mais bien plus près du centre.

D'où ce tonitruant texte "je préfère avoir tort comme Pinochet que raison comme Helmut Schmidt .

Convoquant les mânes de ses maitres Montesquieu, Schumpeter et Hayek, il prend parti pour ce qu'il estime être un héros de la liberté incompris et contre une bonhommie réformiste génératrice, à terme, selon lui, de servitude.

Ce texte, auquel il mettait la dernière main à la veille de sa mort, est resté inédit. On se demande pourquoi, les P.U.F ayant, en matière politique, publié moult autres guignolades, parfois bien pires.

Mais c'était dans les années soixante où en matière de politique comme de sexe tout semblait permis et où l'on pouvait impunément se proclamer maoïste tout en ayant un appartement dans le Vème arrondissement, puisque rien ne prêtait vraiment à conséquence.

Mais qu'importe, le pilon et le temps, ces grands effaceurs, ont eu raison des professions de foi en la révolution culturelle et le programme de l'UMP a remplacé le petit livre rouge dans les mêmes appartements du cinquième.

On pourrait classer l'incident, n'eut été, entre autres, la lecture un peu littérale de cette prose faite par une poignée d'exilés cambodgiens dans les années soixante-dix qui allaient bientôt "libérer" leur pays et mettre en oeuvre in concreto toutes ces idées.

A l'opposé, on peut s'interroger sur l'accueil qu'aurait fait à Raymond Hargnon son héros, le général Pinochet.

Ce dernier, en bon militaire, n'aurait sans doute pas aimé qu'on lui expliquât avec de longues phrases bourrées de mots de plus de trois syllabes à quel point il avait raison.

Cela, il le savait déjà, d'instinct, avec son cerveau reptilien, celui qui suffit pour marcher au pas.

Pas besoin d'intellectualiser une évidence.

D'ailleurs les intellectuels il y avait des stades pour ça.

Et puis il n'aurait sans doute pas apprécié toutes ces citations d'intellectuels aux noms germaniques les Miese, Schumpeter, Hayek et Friedman de ce monde.

Le général avait bien sûr de l'estime pour les penseurs germaniques mais instinctivement il se sentait plus proche de la Prusse ou de la Bavière que de l'Autriche.

On est Wagner ou on est Mozart. Lui était plutôt Wagner.

Et sa génération perdue à lui était celle exilée après-guerre au Chili et dans les pays voisins, celle d'après Thomas Mann et Stefan Zweig et qui ne dédaignait pas de manier le lance flammes en plus de la plume.

Non, gageons que Raymond Hargnon aurait très vite irrité celui dont il se voulait le thuriféraire et qu'il aurait eu tôt fait de goûter à l'accueil, un peu électrique, de la DINA.

voire à la beauté un peu sèche des couchers de soleil dans le désert d'Atacama ou à celle, glaciale, des flots de l'océan pacifique version terre de feu et vus d'hélicoptère.

Mais Raymond Hargnon est mort dans son lit, sans avoir fait le voyage de Santiago, quel dommage.

"Vous pouvez lire le texte de Raymond Hargnon dans « cinquante nuances de gribouilleurs de théories » , rubrique sciences molles, « science » politique)

Préface pour un clône de

Miguel Angel Asturias

5.

Miguel Demon Enfurgas

Miguel Demon Enfurgas est le grand auteur du Banama.

En fait le seul.

Et à Paris seulement.

Certainement pas à Grocolón, nsa ville d'origine.

Pourtant il appartenait à une des quince familias, les quinze familles qui dominent le pays depuis l'indépendance et à la meilleure société de Miramiflor, le quartier chic de Grocolón.

Il était parfaitement heureux de son sort jusqu'au jour où une nouvelle junte l'a rappelé de son poste d'ambassadeur à l'UNESCO pour faire place à un autre parisianophile d'une des 15 familias mieux representée que la sienne dans la nouvelle junte.

Il est alors passé à une opposition flamboyante au régime.

Il a d'abord revendu son écurie de polo -qu'il n'avait plus les moyens d'entretenir- à perte à un poney club de la banlieue ouest.

Puis il a commencé à signer des pétitions avec son Montblanc.

Enfin il a entamé la rédaction de sa merveilleuse trilogie sur John Crook Garrott dit "el garrotto", l'homme qui introduisit la domination des compagnies bananières gringas au Banama au début du XXème siècle : "le pape jaune ", "hommes de paille" et "le larron qui ne croyait pas au ciel".

En même temps, il squattait le siège du Banama à l'UNESCO, avec le consentement tacite de son remplaçant officiel.

En effet ce dernier avait mieux à faire place de la Madeleine en début de mois et place de Clichy en fin de mois.

C'était de toute façon un acte symbolique puisque le Banama avait été prive du droit à la parole, faute d'avoir acquitté ses cotisations depuis quinze ans, les militaires ne voyant pas l'utilité de l'organisation.

A son grand désespoir Miguel Demon Enfurgas n'a jamais été censuré au Banama, ce qui l'a sans doute privé du prix Nobel (de la paix ou de la littérature, peu importe).

Cette attitude bienveillante des autorités Banaméennes s'explique en partie par le respect porté à sa famille, qui à un moment ou à un autre serait mieux representée dans une junte, en partie par la volonté de ne pas en faire un martyr aux yeux de l'opinion publique internationale mais surtout pour le priver d'une base de lecteurs locaux attirés par le goût de l'interdit.

Ajoutons que les constructions complexes, à la fois entremêlées et cycliques, et parfois rétropédalantes de ses récits, directement inspirées des codex sacrés des indiens tépachichmèques, le Tavuh Pohpol et le Chula Maadam mais aussi et surtout du payotl (un champignon hallucinogène banaméen qu'il avait emmené au fond de sa valise diplomatique) qu'il s'injectait "a la belga" le faisait considérer comme un plaisantin et un doux dingue.

Donc indigne de l'attention de militaires peu ouverts à la littérature moderne et par un professeur Schtroumphelmayer (le directeur de l'instituto de seguridad nacional en charge, entre autres de la censure, et éminence grise des juntes successives), épris de clarté goethéenne.

Préfaces pour des clônes de

Jacques Attali

et

Alain Minc

Duel de géants autour de la mondialisation

Jacques Hallali

"Le grand écart: tous à la rue dans 5 ans"

Et

Alain Trinc

"Vive l'ouverture: éloge des vents du large"

C'est bien de géants qu'il faut parler, bien que ni Jacques Hallali ni Alain Trinc, ne dépassent un mètre soixante-cinq.

Mais chacun sait, depuis la dissection du cerveau d'Anatole France (1400 centimètres-cube contre une moyenne de 1850 chez l'homo sapiens) qu'en matière d'esprit, ce n'est pas la taille qui compte, mais la manière de s'en servir.

S'en servir, ils le font abondamment puisque chacun gratifie, depuis trente ans, ses lecteurs d'un ouvrage annuel, sur les thèmes les plus divers.

A priori, rien ne sépare Alain Trinc de Jacques Hallali.
Ils sont :

- tous deux de la même génération, celle qui est passée sans sourciller de Mao aux IPO,

-tous deux issus de l'ENA (inspecteur des finances pour l'un, conseiller d'état pour l'autre, il est vrai, ne mélangeons pas les napperons et les serviettes),

-tous deux auteurs de rapports qui firent date, pour Alain Trinc sur "l'informatisation de la société" (rappelons que l'automatisation des ouvertures en a été, historiquement, l'une des premières applications grand public : déjà, prémonitoirement, Alain Trinc se positionnait, à l'orée de sa carrière, en expert des portes ouvertes), pour Jacques Hallali sur la "libération de la croissance" (qui, prisonnière depuis si longtemps, n'en demandait pas tant, suscitant au passage cet OVNI qu'a été une grève des taxis sous un gouvernement de droite musclée alors que cette corporation - c'est le mot- n'est pas connue pour son progressisme invétéré),

-tous deux conseiller du prince (avec les résultats que l'on a vu),

-tous deux d'abord marqués à gauche puis démarqués voire dégriffés à droite,

-tous deux géo-stratèges, historiens, économistes, philosophes, biographes, apologistes, moralistes, j'en passe et des meilleurs,

-tous deux experts en plateaux télés comme d'autres le sont en plateaux repas, tous deux ayant fondé un cabinet de conseil en stratégie,

-tous deux à la tête d'un petit atelier de polygraphie, un petit métier de l'imprimerie, qui est une spécificité bien française.

Non rien ne le sépare, pas même les titres de leurs derniers ouvrages annuels respectifs, qui apparaissent en quelque sorte complémentaires "le grand écart" d'un côté, "vive l'ouverture " de l'autre.

Pourtant les thèses défendues par ces deux ouvrages sont à l'opposé.

Comment expliquer cette incompréhensible dissonance ?

Comment des conclusions aussi antithétiques ont-elles été tirées par deux esprits aussi radicalement omniscients ?

On se demande au demeurant pourquoi les jurés du Nobel sont aussi aveugles, sans doute est-ce parce que tous deux peuvent prétendre à de trop nombreux prix et parce qu'ils n'ont pas été traduits en suédois, quelle perte pour ces malheureux nordiques!...-

Ce n'est certainement pas l'étendue et la profondeur des recherches préalables auxquelles ils se sont tous deux livrées qui sont en cause car ils ont en la matière des pratiques similaires.

Ce n'est pas non plus leur compréhension des mécanismes sous-jacents qui est en cause : elle est identique de part et d'autre, tous les spécialistes des nombreux sujets qu'ils ont traité (Il s'agit de spécialistes différents à chaque fois) vous le diront…

Alors, comme disait le poète, feignons d'organiser ces mystères qui nous dépassent et laissons tour à tour parler nos deux oracles.

Après tout, la pythie émettait des cris inarticulés et les chênes du temple de Zeus à Dodone se contentaient de bruisser. Eux pontifient, maximalement, c'est un progrès.

6.
Jacques Hallali

"Le grand écart: tous à la rue dans 5 ans"

Le parcours de Jacques Hallali prouve à lui seul que le digicode n'est pas une fatalité et que les concierges ont de l'avenir, à condition de monter en gamme.

C'est déjà le cas dans les palaces, où les concierges bénéficient désormais des conseils des meilleurs cabinets de lawyers américains, pour ne pas tomber pour proxénétisme, dans leur hâte de satisfaire un client saoudien ou russe, à la bourse trop bien garnie.

Son locataire principal se débrouillant fort bien par lui-même de ce coté-là, il n'a pas eu ces soucis.

A partir de sa loge aux boiseries dix-huitième, il introduisait et raccompagnait les visiteurs illustres et moins illustres et essayait au passage de leur arracher quelque parole historique, ("ça va chier " Margaret Thatcher avant le sommet européen de Fontainebleau sur la compensation budgétaire britannique) ou non ("le vond de l'air est vrais " Helmuth Kohl, hiver 88), pour nourrir son prochain opus ("tout le toutim" -4 tomes de tout de même, qui sont à l'anesthésie douce, ce que l'annuaire est à l'interrogatoire muscle).

Chez les pharaons, dans l'empire chinois ou chez les ottomans de telles fonctions se seraient accompagnées d'un titre ronflant comme "grand gardien de la momie sacrée", "très honorable introducteur des chiens d'étrangers et des vermisseaux ignobles de sujets qui ont osé demander audience au fils du ciel, lumière du monde", "grand mamamouchi gardien et défenseur de la sublime porte".

Mais la France étant une République il a dû se contenter de celui de "conseiller spécial".

Ses collègues de l'Elysée l'appelaient simplement "la dame pipi" puisqu'il gardait les abords du trône et en contrôlait physiquement les accès.

C'est cette fréquentation des grands, cette habitude de l'altitude(-quoiqu'il arrivait à peine à la hauteur des tétons de madame Thatcher)qui lui permet aujourd'hui d'embrasser, d'un regard panoramique, l'histoire du monde et la géopolitique et l'économie de la planète.

Suivons donc le concierge dans l'escalier du savoir.

Pour jacques hallali la cause de notre classement piteux dans les enquêtes PISA de l'OCDE et dans celui de Shanghai tient en deux mots : Elitisme républicain.

Hanté par l'obsession de la précocité et adepte du bourrage de crâne, notre système est modelé pour pré-formater les bons élèves au martyr de l'abrutissement par le travail qui les attend en prépa, sans considération pour les autres, tous les autres, sinon des heures de soutiens régulièrement rabotées par des coupes budgétaires périodiques.

Notre système cumule donc la scolarisation la plus précoce- dès la sortie des couches et parfois même avant, d'où, sans doute, la fortune de l'expression "pas de pot" dans les cours de recréation-, les horaires les plus lourds et les contrôles les plus fréquents.

La justification historique et sociologique de ce système, qui met les bons élèves dans une situation de perpétuelle incertitude, afin de les maintenir sous pression, et qui enfonce, de manière quasi-irrémédiable, les mauvais et les moyens dans une spirale d'échec dès le cours préparatoire, est l'Elitisme Républicain.

Il s'agit d'un mythe fédérateur bien français.

C'est l'équivalent hexagonal du mythe américain du self made man et de la fortune à portée de main de qui saura mouiller sa chemise et il a à peu près autant de réalité.

Le remède préconisé par jacques Hallali est à la mesure du problème ; rendre l'enseignement supérieur payant comme viennent de le faire les anglais en fixant les frais de scolarité à 10.00 livres par an , et comme l'ont toujours fait les américains.

Résultat : des étudiants moins nombreux ,plus homogènes, des infrastructures enfin désaturées, des budgets augmentés etc
Bref un cercle vertueux naturel.

 C'est tellement simple.

Comment n'y avait-on pas pensé plus tôt ?

D'ailleurs, Oxford Cambridge , Harvard ,le MIT, Caltech entre autres caracolent en tête des classements.

CQFD.

(Vous pouvez lire Le texte complet de Jacques Hallali dans « 50 nuances de gribouilleurs de théorie, parodies scientifiques (sciences dures et sciences molles) » , rubrique sciences molles, économie, catégorie amateurs)

7.
Alain Trinc

"Vive l'ouverture: éloge des vents du large"

D'aucuns ironiseront qu'Alain Trinc est bien placé pour faire l'éloge du vent puisqu'il en vit, puisqu'il en vend, en tant que consultant.

C'est un peu facile et un peu injuste.

Car c'est véritablement un exploit que de vendre des conseils, des paroles, des choses qui volent et qui s'envolent et qui n'ont pas d'existence matérielle.

Et de les vendre cher qui plus est.

Alain Trinc fait ses premières armes comme directeur financier chez Saint Pourçain, entreprise centenaire, spécialiste des canalisations et du verre.

Il y fait son apprentissage des techniques de l'entubage à l'échelle industrielle et du CAC 40.

Il rejoint ensuite la holding de tête de l'homme d'affaires italien Carlo Maledetto, la Compagnie Réunie des Agaveries du Sahara et et du Hoggar (C.R.A.S.H) une ancienne société coloniale, à partir de laquelle il se lance dans un style d'opération tout droit venu des Etats Unis et encore inédite en France, l'OPA hostile.

Sa cible, la Générale du Luxembourg, soutenue par les investisseurs institutionnels, outragés par ces nouvelles méthodes, lui résiste.
Il convient lui-même rétrospectivement, n'avoir pas toujours bien manœuvré dans cette affaire.

Paradoxalement un raider doit savoir faire preuve de souplesse.

C'est à ce prix, s'il est très doué, qu'il pourra se permettre quelques allers-retours, comme l'a fait Kirk Kerkorian avec la MGM. I

l part voler alors de ses propres ailes et crée Alain Trinc Conseils HOlistques et Universels Management (A.T.C.HO.U.M.), firme de consulting et de placements financiers, qu'il préside toujours depuis.

Entretemps, il multiplie sa présence dans des conseils d'administration prestigieux, lieux clos, théâtre parfois de vigoureux corps à corps, donnant ainsi un nouveau sens à l'expression argotique "se payer un jeton", de présence dans son cas.

Il sera aussi, pendant près de dix ans président du directoire d'un grand quotidien de référence. Sa tentative de faire racheter ledit quotidien par un opérateur semi-public de télécom a effrayé les journalistes, compte tenu de l'énergie bien connue de la DRH dudit opérateur.

Sa tentative de relancer le supplément hebdomadaire avec une équipe qui avait fait ses preuves vingt ans plus tôt ailleurs, Jean d'Oraison, Louis Gaubbels etc, marque la fin de sa collaboration avec le journal, d'ailleurs au bord de la faillite.

Dans son vive l'ouverture : éloge des vents du large » Alain Trinc nous explique , courbes à l'appui, que nous n'avons rien à craindre de la Chine.

 Avec un structure démographique déjà vieillie , et déséquilibrée par l'infanticide féminin, une génération montante d'enfants-rois, pourris-gâtés, capricieux, frustrés sexuellement obsédé par les jeux vidéo et la consommation, un environnement pollué et dégradé, un diabète et une obésité galopants à mesure qu'elle adopte l'american way of life, la Chine est en passe de nous rejoindre dans le confort, la médiocrité et la stagnation.

Et de conclure tel Napoléon – dont il a la taille, un mètre cinquante-trois-« quand la Chine s'endormira, le monde respirera.

(Vous pouvez lire Le texte complet d'Alain Trinc dans « 50 nuances de gribouilleurs de théorie, parodies scientifiques (sciences dures et sciences molles) » , rubrique sciences molles, économie, catégorie amateurs)

Préface pour un clône de
Marcel Aymé

8.
Marcel Malaymé

Les contes de la chatte piercée

Malgré un regain de popularité tardif,dû a la belle chanson de Claude François ("car je suis Malaymé, je suis le Malaymé, tous les gens me connaissent, etc) Marcel Malaymé reste encore aujourd'hui un auteur un peu maudit, souffrant d'un purgatoire injustifié.

Il est vrai que sa thématique favorite, la lâcheté humaine en général, en France sous l'occupation et l'épuration en particulier, lui ont fait beaucoup d'ennemis.

Son goût prononce pour la gauloiserie rabelaisienne n'a rien arrangé au fil du temps.

Pourtant des oeuvres comme Urinus, Bittembard, le poney raide, le passe-latex méritent d'être relues tant elles sont roboratives en cette période de politiquement correct.

C'est aussi et surtout le cas avec les "contes de la chatte piercée" une oeuvre tardive, qui n'avait pas trouvé d'éditeurs.

Bien à tort.

Marcel Malaymé était bien de son temps : moribond il suivait avec intérêt les développements du mouvement punk avec lequel il se sentait de profondes affinités comme en témoigne ce texte.

On croit entendre les groupes punk français de l'époque!

Souvenez-vous : 12degrés 5 "en théorie oui j'ai tout compris, mais dans le vécu oui je l'ai dans.. " et plus encore Edith Nylon "perruque en nylon, uterus en téflon, Edith Nylon, Edith Nylon...".

Sacré marcel.

Pas de parodie, à quoi bon?
"

Préface pour un clône de

Nicolas Baverez

9.
Nicolas Baverais:
"La France qui s'écroule"

D'après, vaguement, « La France qui tombe »

Nicolas Baverais poursuit une longue tradition française de littérature du déclin.

En clair de crachat dans la soupe.

C'est probablement chez les boy-scouts, où le concours de mollards est, avec la pollution nocturne, une des institutions majeures, qu'il y a sans doute pris goût.

Citius, grassius, flavius !

Plus loin, plus gras, plus jaune !

Baden Powell fait écho à Pierre de Coubertin qui lui-même répond à Léon Daudet.

Merveilleuses années 1900, celle de Barrès, Déroulède et de Drumont, les souverainistes de l'époque, qui pourtant, eux aussi, déploraient le déclin de la France sous "la gueuse", la république, celle du suffrage universel et de l'école obligatoire, sources de tous les maux.

Des visionnaires déjà.

Après hamster jovial, lama ronchon ?

Oui décidément la France décline.

On a peine à trouver l'équivalent de cette tradition à l'étranger.
Un optimisme radieux pour le futur irrigue toujours les plus critiques des réquisitoires aux Etats Unis.

Nos amis d'outre Rhin ont une conscience aigüe du miracle bedonnant en short sandales et chaussettes qui a succédé aux apocalypses des années vingt à quarante. Le brouet est gras est nourrissant à défaut d'être épicé et la soupière et la louche bien astiquées.

Nos voisins d'outre-Manche exsudent par toutes leurs pores des remugles de fierté impériale et la domination absolue sur internet d'un sabir vaguement dérivé de leur langue les confirment, s'il en était besoin, dans leur sentiment de supériorité innée, même si, pour la plupart, ils n'ont jamais entendu parler de Joseph Chamberlain, théoricien de la chose.

Non décidément, rien chez nos voisins ne ressemble à cette perpétuelle lamentation sur une grandeur déchue, et il faut bien le dire, fantasmée, qui, à elle seule, occupait un rayonnage entier à la Fnac du temps où on achetait encore des livres autrement que par internet, des livres en papier même!

Baverais fit partie de ces "maîtres à poncer" qui d'Alain Minc à Jacques Attali pullulent dans les corps d'inspection de la haute fonction publique française.

Doté d'une sinécure à vie, ils sont particulièrement bien placés, du fait de leur détachement des contingences matérielles, pour recommander privatisations, flexibilité du marché du travail, abolition du salaire minimum et réduction des minima sociaux.

Ils rejoignent de ce fait les fonctionnaires internationaux de l'OCDE et du FMI ou les universitaires anglo-saxons, de Laffer à Becker, qui, bénéficiant du même détachement, ont pu prôner, avec la même sérénité, les mêmes remèdes.

 "la France qui s'écroule" fait suite à la "France qui tombe" (2003), à "la France qui s'affale" (2008) et "la France qui s'effondre"(2011).

Nicolas Baverais est en passe d'épuiser les synonymes de la chute dans le Larrousse et va bientôt devoir passer au Robert voire au Littré compte tenu, welfare state aidant(vade retro), de son espérance de vie et de sa productivité.

Peut-être eut il été mieux inspiré de choisir des titres moins radicaux afin de se ménager la possibilité d'une progression dans la décadence :" la France qui trébuche", "la France qui vacille", "la France qui fléchit", "la France qui ploie" par exemple.

Il aurait pu aussi ainsi recourir à du vocabulaire technique par exemple "la France qui fasseye" ou " la France qui démâte", emprunté au lexique de la voile par exemple.

 Uu encore "la France qui ne swingue plus" pour emprunter au golf, et même "la France qui rétrograde", "la France qui patine", "la France qui n'embraye plus" voire "la France qui broute" pour recourir à la terminologie, plus commune, des garagistes.

Il aurait pu aussi se ménager la possibilité d'un retour à l'optimisme pour le cas où ses amis politiques souverainistes accèderaient enfin au pouvoir et mettrait en œuvre son programme de redressement.

 Dès l'âge de 30ans il s'est voulu un sage, un maître à penser éclairant la voie à suivre, ce qu'Hayek était à Thatcher, ce que Friedman était à Pinochet, ce que Platon était à Denis de Syracuse, avec les merveilleux résultats que l'on sait dans les trois cas.

Peut-être sera t'il un jour ministre du Redressement- vaste programme eut dit Madame De Gaulle, rêveuse- dans un gouvernement de large union entre libéraux et nationaux.

D'habitude quand on mélange du bleu et du marron c'est dans une cuvette, mais après tout Paris est bien topographiquement situé dans une dépression.

C'est là aussi que l'expression "patriote de l'autre bord" –de la cuvette- prend toute sa saveur, si l'on ose dire.

Mais tels le Minotaure et Pasiphae, le taureau entrera t'il jamais dans l'arène ?

On peut en douter : quand on a régurgité toute sa bile il ne reste plus que l'estomac et les tripes à cracher.

Encore faut-il en avoir.

Pas de parodie, à quoi bon ?...

Préface pour un clône de

François Bégaudeau

10.
François Bigorneau

"Portrait chinois "

Extrait du « Play it again, my boy » , une compilation des articles et chroniques de François Bigorneau dans Playboy et des nombreux interviews et articles de qualité parus dans ce magazine de référence et qui justifient à eux seuls son achat)

François Bigorneau est surtout connu pour être l'auteur du livre et le scénariste du film "Droit dans le mur", primé à Cannes et contant les aléas de la vie quotidienne dans un collège du vingtième arrondissement. "Tchulé du 19!!, j'vais t'niquer ta race !!" est devenu grâce à lui une réplique culte du cinéma français contemporain, et au-delà, puisqu' on la retrouve, presque telle quelle, dans les propos du président Sarkozy au salon de l'agriculture.

Une citation à n'en pas douter, comme il les affectionne.

Mais François Bigorneau a d'autres cordes à son arc.

Il est aussi un chroniqueur régulier du magazine Playboy. Témoin, ce portrait incisif, sans concessions mais en définitive assez flatteur qu'Il a réalisé, suprême honneur, pour les lecteurs américains du magazine.

Celui d'un homme petit, laid, méchant, il au périnée tonifié par l'exercice, aux nombreux succès féminins y compris avec des tops models, chéri des

*vieilles femmes riches pour qui il est un dernier soleil, un cancre qui s'est
fait à la force du poignet, et a réussi au-delà de toute espérance, parlant mal
et pas du tout les langues étrangères, qu'il ne déteste pourtant pas,
n'hésitant pas à se montrer en sueur:*

*Un homme qu est heureux de faire ce qu'il fait et veut continuer à le faire
le plus longtemps possible, puisqu'Il en a rêvé toute sa vie, ou du moins,
depuis que, poils aidant, Il se rase le matin. On lui reproche souvent son
manque de retenue. Quelle erreur ! Se retenir, Il ne fait que ça. C'est
devenu une seconde nature ; ses proches l'ont connu bien plus explosif
dans le passé et conscient de cette faiblesse, il s'est de lui-même soumis à
un traitement, des médicaments, à coup sûr, des piqures aussi, murmure-t-
on.*

Mais un homme qui n'est pas celui que l'on croit.

Vous pouvez lire le texte de François Bigorneau dans «Cinquante
nuances de gnôme à talonnettes, parodies bling-bling ».

Préface pour un clône de Frédéric Begbeider

11.
Frederic Bègueperver

"Nouvelles sous raides-boules"

(D'après, vaguement, "Nouvelles sous ectasy ", "99 francs", "Mémoires d'un jeune homme dérangé", "Au secours, pardon" et " Vacances dans le coma" de Frederic Beigbeder)

Surnommé aujourd'hui "l'ascète du café de Flore" en raison de son addiction à l'eau minérale ou "barbapapa" en en raison de sa barbe blanchie par les multiples gâteaux faits maison avec ses enfants, sa nouvelle passion, Frédéric Begueperver revient de loin.

En témoigne cette "nouvelle sous raide boules" ou il évoque sa folle jeunesse de créatif publicitaire.

Saignements de nez, musique électro et crampe implacable garantis sur visa gold.

Vous pouvez lire le texte de Frédéric Bégueperver dans le "Larrebourg et Michu XXIème siècle" et dans "Métrognôme, parodies parisiennes" .

Préface pour un clône de

Maïtena Biraben

12.
Maïzena Boirabien
et Alain Margoulex

"La cuisine des politiques "
(extraits)
La daube provençale

(D'après l'émission de télévision "Maïtena cuisine" de Maïtena Biraben, qui n'a pas encore donné lieu à un livre mais le fera sûrement)

La pimpante animatrice de télévision Maïzena Boirabien a planté ses dents du bonheur dans le gâteau de la politique.

Elle a invité, pour une remarquable émission de cuisine-réalité, de nombreux hommes politiques à réaliser des petits plats dans sa cuisine, tout en discutant boutique.

Elle a ensuite tiré un livre, fort instructif, des meilleurs moments de cette émission.

Nous avons choisi un extrait concernant Alain Margouleix, un homme politique peu connu et à la carrière discrète mais un élément essentiel du dispositif de la droite.
Les leaders successifs de celle ci l'ont d'ailleurs toujours choyé.

Alain Margouleix est en effet le plus fin connaisseur vivant de la carte électorale française, un savoir délicat et rare qu'ont partagé en leur temps des esthètes aussi raffinés que Henri Queuille, Edgar Faure et François Mitterrand.

Sa carrière a pour l'instant culminé avec un poste de secrétaire d'Etat aux collectivités locales, mais sa vie a déjà été très riche en campagnes et son avenir reste à écrire. L

l se confie a notre amie Maïzena au cours de la réalisation de sa recette favorite, la daube.

Découpage et Enfarinage en perspective…

Vous pouvez lire le texte de Maïzana Boirabien et Alain Margouleix dans "Cinquante nuances de gras, parodies culinaires et alcooliques"

Préface pour des clônes

d'Igor et Grischka Bogdanoff

13.
Igor et Grichka Buggerfuckoff

« Trou noir et big-bang : le doigt de Dieu»

Passés sans transition, ou presque, de la science-fiction à la fiction scientifique, Igor et Grichka Buggerfuckoff, nous font regretter amèrement l'époque glorieuse des fous rires de Denise Glabre et des « pas mal » de José Sucmimore.

Gratifiés du titre de " docteur" en quatrième de couverture d'un de leurs opus à la suite de "l'erreur d'un stagiaire", ils se sont exécutés et ont repris à 40 ans passés, le chemin de l'école, pour finalement obtenir leur parchemin, en province et à l'usure, si l'on en croit l'enquête interne diligentée par la suite et fuitée par quelque bonne âme.

Ils ont été ensuite, une deuxième fois, victimes de la "malédiction du stagiaire" qui semble les poursuivre.

On espère pour eux qu'il ne s'agit pas du même, ou de la même, stagiaire que la première fois.

Mais peut-être que si après tout.

C'était peut-être la fille du patron.

On sait bien comment sont recrutées les stagiaires partout et à quel point le secteur de l'édition, comme celui des médias en général, brille par sa transparence en la matière.

Ce ou cette stagiairequi , donc, a, dans une autre quatrième de couverture, laissé entendre qu'Igor et Grichka faisaient partie de l'équipe scientifique exploitant les résultats d'un satellite, dans un laboratoire-succursale de l'institut Max Planck, surnommé "ma planque" en raison de sa localisation, au bord du lac Majeur en Italie.

Hélas pour eux, il n'en était rien.

Le scandale aidant le livre, le livre s'est suffisamment bien vendu pour qu'ils puissent tous deux se payer une chirurgie esthétique complète qui les fait ressembler à leur propre caricature par un de ces artistes de la place du Tertre ou du parvis de Beaubourg, qui vous trousse une caricature en 10 minutes pour 30 €.

Qui dira les ravages du botox et du silicone ? !

Il y a peut-être là un nouveau sujet pour eux : la cosmologie à la cosmétologie il n'y a après tout qu'un «et».

L'ex- président les honore, paraît-il, de son amitié.

Entre spécialistes du vide intersidéral…

<u>*Avant-propos de feu John Crook, prix Nobel de physique 1955*</u>

" Je recommande ces jeunes gens qui m'ont apporté des chocolats à la liqueur et de bien sympathiques magazines qui me sont tous deux formellement interdits par mon médecin traitant, respectivement pour mon cholestérol et pour mes palpitations "

Big Pines Retirement House, Pasadena, FLA, juin 2009

(Vous pouvez lire Le texte complet d'Igor et Grishka Buggerfuckoff dans « 50 nuances de gribouilleurs de théorie, parodies scientifiques (sciences dures et sciences molles) » , rubrique sciences dures, astrophysique, catégorie amateurs)

Préface pour un clône de

Jean Claude Bourret

14.
Jean Claude Bourré

" Ces extra-terrestres qui nous gouvernent"

(D'après, vaguement, "la science face aux extra-terrestres", "le nouveau défi des OVNIs", "OVNIs, l'armée parle", "la nouvelle vague des soucoupes volantes", "OVNIs : 1999, le contact ?" de Jean Claude Bourret)

On ne présente plus Jean Claude Bourré aux plus de cinquante ans.

Pour les plus jeunes, disons simplement que c'était un présentateur de journal télévisé a la mode dans les années soixante-dix et quatre-vingt, avec une vague spécialisation scientifique -un emboîteur et déboîteur de maquettes de fusées, il n'y avait pas encore d'animation 3 D à l'époque-. .
. Sa chevelure frisée et indéfrisable, ses dents du bonheur et la voix grave et forte faisaient -déjà- frissonner les grands-mères.

Journaliste vedette de la défunte "cinq", chaine hertzienne du groupe Machette dont la vie fut courte et que Merlusconi débutant ne parvint même pas à sauver, malgré des tombereaux de paillettes et de chair fraîche, Il préside encore aux destinées de l'"Association des amis de la cinq" dont les membres actifs sont, un a un. fauchés par la maladie d'Alzheimer ou la maladie tout court.

Depuis une trentaine d'années, il s'est spécialisé dans les OVNI et les extra-terrrestres.

Il nous revient avec un énnième livre sur le sujet mais contenant cette fois des révélations incroyables et de première importance.

A 100 lieux de la théorie du complot, il nous dévoile, de manière rigoureuse, des coïncidences extrêmement troublantes, si troublantes qu'elles ne peuvent être le fruit du hasard.

Jean Claude Bourré part d'un événement clé: l'incident de Roswell, la visite extra-terrestre la plus documentée de ces soixante dernières années.

Selon tous les témoignages, avant de s'abîmer dans le désert du Nouveau Mexique, la soucoupe venait de l'est et suivait une trajectoire constante. Elle avait donc survolé l'Europe ou sont situés, Moscou, Saint Pétersbourg, Neuilly et Londres par exemple, n'est-ce pas troublant?

Bien sur les sceptiques diront que les dates ne correspondent pas que l'incident de Roswell a eu lieu en 1947, alors que Dimitri Medvedev est né en 1965, Vladimir Poutine en 1952, Nicolas Sarkozy en 1955 et David Cameron en 1966.

Et alors ? Vous n'avez jamais entendu parler d'embryons à croissance différée ?

Vous n'avez pas entendu à la télévision qu'on venait de réviser la loi de bioéthique pour permettre à une veuve de se faire inséminer plusieurs années après la mort de son conjoint, avec des cellules embryonnaires recueillies des années auparavant ?

Et faut-il vous relire l'évangile de la nativité ?

à l'évidence une FIV par endoscopie, Joseph avait tort de se méfier, la vierge Marie l'était bien.

Autre preuve extrêmement convaincante de l'origine extra-terrestre du président Sarkozy selon Jean Claude Bourré : son podium.

Il est de bon ton, aujourd'hui, de se gausser de ce podium que le président emmène partout avec lui et que l'on fait essayer à des techniciens à genoux ou à des enfants pour les doublures lumières.

En fait il n'est sans doute pas seulement un moyen pour le président de compenser sa petite taille comme ses talonnettes mais quelque chose de bien plus essentiel.

Tous les éléments dont on dispose semble converger pour laisser soupçonner que ce podium est bien plus que cela : très probablement un "chargeur bio- énergétique".

Il est clair que le podium transmet, via les talonnettes, les impulsions bioénergétiques au président.

Pour des raisons obscures, les flashs des photographes et l'électricité statique des micros tendus décuplent la puissance du podium.

C'est là qu'il puise son énergie incroyable, comme le géant Antée puisait l'énergie de sa mère Gaïa, la terre, en l'embrassant.

C'est parce que l'autonomie bio-énergétique du président est limitée qu'il doit, au moins une fois par jour et en présence de journalistes se tenir sur ce podium.

D'où la multiplication des points de presse, des annonces, des discours sur les thèmes les plus divers, d' où l'emport du podium lors de tous les déplacements en province ou l'étranger.

Bref un bijou de technologie extra-terrestre, mais de technologie un peu datée (1947), d'où la faible autonomie.

D'où aussi des surcharges voire des court circuits. Quand le podium sature sous l'effet des flashes et des micros, il commence à disjoncter.
 Le signe avant-coureur de ce pétage de plombs, au sens littéral est un frissonnement de l'épaule gauche sous l'effet de ce qu'il faut bien appeler un "orgasme bio-énergetique", une petite mort extra-terrestre.

 Au stade suivant, qui ne s'est jamais produit en public, c'est le malaise vagal avec réanimation par massage périnéal et procto-digital.

Ce podium est donc un équipement essentiel mais imparfait.

Hélas notre planète, étant située dans une branche éloignée et arriérée de la galaxie, n'est pas prioritaire pour l'attribution d'équipements dernier cri. Les extraterrestres ont eux aussi des contraintes budgétaires.

Notons que Silvio Berlusconi qui est issu d'une "couvée" plus ancienne - celle du vaisseau qui s'est écrasé dans la taïga en 1908- utilise, pour se recharger un système plus primitif et plus complexe et plus coûteux à mettre en oeuvre.

Ce système est basé sur un principe chimique assez proche de l'électrolyse et fait intervenir la bioénergie de jeunes femme et une piscine, excellent conducteur des fluides comme on le sait depuis Mesmer.

C'est également la preuve que le complot extraterrestre pour diriger la terre ne date pas d'hier, puisque Suétone décrit, dans les "douze césars" l'usage d'un sytème analogue par l'empereur Tibère à Capri.

Et puisqu'il est question de Silvio Berlusconi. Ne déflorons pas plus avant le sujet, sinon poir dire que Jean Claude Bourré est mort trop tôt pour voir l'accession de Donald Trump au pouvoir.

S'il l'avait vu il aurait plastronné : une blague aussi lourde, c'est typique de l'humour de ces gros cons d'arcturiens, ils sont vraiment impayable. Comme on dit dans cette branche de la galaxie « il ne faut pas confondre tentacules et ... »

Vous pouvez lire le texte complet de Jean Claude Bourré dans dans «Cinquante nuances de gnôme à talonnettes, parodies bling-bling ».

Préface pour un clône de William Boyd

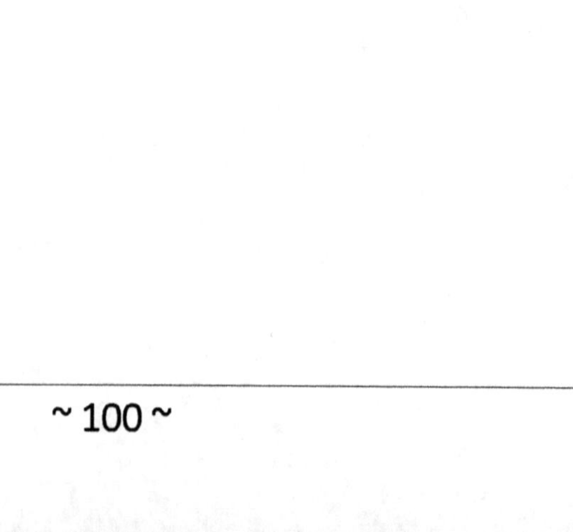

15.
William Void

"Un anglais en Françafrique"

(D'après, vaguement, "un anglais sous les tropiques" et "Paris Brazzaville" de William Boyd)

 Le dernier ouvrage de William Void traite des mésaventures de Michael Rowston :

Ce jeune diplomate anglais puni à la suite d'une incartade, par un stage en Afrique, y découvre toute la hauteur de vue d'une communauté expatriée française lambda

William Void, qui, d'ordinaire, fuit les media, nous a accordé une interview.

. Nous étions en effet intrigués par son soudain intérêt pour la France alors que son oeuvre a jusqu'ici été purement insulaire et post-coloniale.

Une des clés de cette évolution est probablement le fait qu'il vive désormais en France.
Il nous a reçu dans sa villa du Périgord, dominant la vallée de la Vézère, villa rachetée a un jeune trader de la city de 26 ans spécialisé dans les subprimes et qui avait eu juste le temps de finir de faire installer un jacuzzi dans le jardin d'hiver.

C'est là que William Void nous a aimablement convié pour un brunch improvisé.

C'est entre deux bulles, trois remous et quatre bouchées que nous avons échangé quelques propos littéraires.

Le brunch était composé de haricots Heinz en boite et de Bergerac.

-" Je ne bois jamais d'eau ailleurs qu'en Angleterre, c'est une habitude que j'ai prise en Afrique et je m'y tiens.
   Vous savez ce qu'on dit chez nous : "wogs begin at Calais", bon, grâce à Ryanair et à son Luton-Bergerac on ne passe plus par Calais.

Mais quand même.

Tiens, O' Leary[1] , je l'aime bien celui là, il dit les choses comme elles sont, j'adore son idée de taxes sur les gros ou celle de faire payer l'usage des toilettes.

Pourvu qu'il ne supprime pas la ligne de Bergerac, il parait que les natives ne veulent plus la subventionner.
   Qu'on rétablisse la corvée bon sang, comme en Afrique avant guerre !

Et puis, je n'ai jamais conduit à droite comment je ferai?

Et je n'ai aucune envie de rentrer à Londres.

Ici les indigènes sont farouches mais leur pâté[2] est très bon, il va très bien avec les œufs brouillés.

Pourquoi des haricots ?

Ah ; ça... J'ai un rapport littéraire très fort avec le haricot.

   Toute mon œuvre, d'une certaine façon est dans le haricot.

Vous savez dans l'imaginaire anglo-saxon, le haricot ça évoque d'abord l'histoire de Jack et le haricot, l'aspiration vers le ciel, vers l'infini.

---

[1] Le très médiatique PDG de Ryanair

[2] John Void fait probablement allusion au foie gras

Jack plante son haricot, qui devient géant et il monte de feuille en feuille jusqu'au ciel. Il y trouve le palais de l'ogre.

Alors avec la complicité de la femme de l'ogre il lui dérobe la poule aux œufs d'or.

A la fin il tue l'ogre en coupant le haricot, devient riche et épouse une princesse.

Mais bon... évidemment ça c'est un conte pour enfant.

Dans la vraie vie, il faut gagner son haricot puis il vous nourrit, vous cale vous tortille le ventre et sa mission accomplie, il finit dans un pet gras.

Michael Rowstson, mon héros, c'est une sorte de Jack qui devient adulte.

Ce que vous les intellos appelleriez un bildungsroman.

Il aspire au ciel mais ça finit dans les flatulences..."

Vous pouvez lire le texte de William Void dans le "Larrebourg et Michu, littératures étrangères "

Préface pour un clône
de Dan Brown

16.
Dan Prawn
"Da Vinci gode"

(D'après, vaguement, "le symbole perdu", "Da Vinci Code" et "Anges et démons" de Dan Brown)

Une fois de plus Dan Prawn nous surprend par son hyper-réalisme, son souci du détail vrai, si typiquement américain, cette connaissance profonde de la réalité et de la civilisation européenne qui devrait pourtant lui être complètement étrangères.

D'abrd une galerie de personnages comme vous pouvez en croiser tous les jours : Sophie Ducière, directrice des archives nationales, son prédécesseur, la Direction Centrale du Renseignement Intérieur (DCRI), le commissaire Glouzot du troisième arrondissement de Paris, Robert Langdom, symbologiste américain, deux maires de Nice et un député du même endroit, Leonard de Vinci, sa soeur, Nostradamus, Attila, des descendants mystérieux de celui-ci, les dirigeants de géants de l'informatique, les templiers, la confrérie de l'andouillette AAAAA, les gérants de la boutique chaînes et cuir "TTBM", les scientifiques du CERN à Genève et de nombreux autres comparses de moindre importance.

 Ensuite une intrigue sordide, à la limite du fait divers et de la rubrique chiens écrasés, mais transcendée par son talent .

Un mystérieux fragment du codex Sussex disparait des archives nationales.

Du coup le géant du net Gogol, qui devait le numériser, refuse de sponsoriser comme prévu le déménagement des archives nationales pour Sarcelles pour installer à la place le musée de l'histoire de France voulu par Nicolas Sarkozy.

Sophie Ducière, directrice des archives nationales et le commissaire Glouzot du troisième arrondissement se voient donner quatre jours par l'Elysée, qui devait annoncer le partenariat avec Gogol à Davos, pour résoudre l'affaire.

Ils font donc appel au célèbre symbologiste américain Robert Langdom.

Mais, dès l'arrivée de celui-ci, les choses se compliquent.

On ne vous dira pas la suite sinon vous n'achèterez pas le livre.

Parce que c'est pour ça qu'on écrit des livres.

Pour que d'autres les achètent.

Enfin, c'est comme ça qu'on fait aux Etats Unis.

Mais en France, ce n'est pas pareil, vous, vous faites de l'Art, bien sûr.

Vous pouvez lire le texte complet de Dan Prawn dans dans «Cinquante nuances de gnôme à talonnettes, parodies bling-bling ».

Préface pour un clône de

Jérôme Carcopino

17.
Jérôme Carbonespirito

La vie quotidienne à Massilia au temps de Pytheas

On ne peut pas donner d'extraits choisis de Pytheas puisque son livre « de l'océan » a disparu et ne nous est connu que par des fragments cités par des commentateurs bien postérieurs.

 De Pytheas, Strabon nous dit qu'il est "le plus grand des menteurs : pour un peu il nous ferait croire qu'une sardine a bouché le port de Massilia".

Strabon s'est toujours trompé.

Avec constance et obstination.

Ce qui le choque, dans le livre aujourd'hui perdu de Pytheas, c'est la description des marées, celle de la banquise et celle du soleil de minuit, toutes choses inconcevables pour un esprit méditerranéen.

Strabon va même jusqu'à nier l'existence de la péninsule armoricaine dont Pytheas, astronome et géomètre de son métier, donne précisément la taille et l'orientation.

Pour Strabon, la Bretagne ne pouvait pas exister parce que cela cassait la symétrie de la carte du monde qu'il avait imaginé.

Contrairement aux apparences, des hommes comme Strabon sont très précieux . il suffit d'en prendre l'exact contrepied pour viser juste ou obtenir la vérité.

Pour être honnête, les concitoyens massiliotes de Pytheas, pourtant amateurs d'exagération (ne prétendaient-ils pas avoir les meilleures institutions du monde grec, un bobard auquel Aristote lui-même s'est laissé prendre) ne le croyaient pas non plus.

Ils l'appelaient par dérision Pytheas « phogos » ou « phogos l'embrume » en dialecte phocéen.

Le phocéen est une sous-branche, essentiellement parlée, du ionien, lui-même fort éloigné du grec attique classique.

Il est caractérisé par l'abondance de :

- finales nasillardes en "ng" ('taing, 'cong), qui remplace de fait la finale normale en "is" (comme aujourd'hui les corses disent"porto vecc'" au lieu de "porto vecchio"),

-le « th », phonème grec récurrent, prononcé « tch » (sans doute du fait de la proximité des oppida arvernes)

- les interjections

-et les hyperboles.

Par dérision les massiliotes, disent d'une chose incroyable " et ça tu l'as vu à t(c)hulé" ou d'un étranger balourd "celuil vient de t(c)hulé ".

 Aujourd'hui les marseillais ont complètement oublié Pytheas, à part une statue de style pompier dans une niche sur le fronton de la bourse, une position malgré tout avantageuse.

Mais la référence a T(c)hulé est restée dans le langage commun.

Surtout dans les quartier nord.

Et elle a même atteint les boucles de la Seine.

Singulier retour des choses puisque Pytheas a probablement parcouru les méandres de la Seine jusqu'à l'emplacement du premier oppidum de Lutèce, vers Nanterre.

Il avait dû en effet emprunter la voie terrestre pour se rendre en Grande Bretagne, puisque les carthaginois barraient à leurs ennemis grecs la voie maritime du détroit de Gibraltar.

Pytheas, habitué aux reliefs des calanques, avaient été frappé par la platitude du paysage francilien.
Il écrit "le terrain est si plat qu'on dirait qu'il a été arasé de main d'homme, on a l'impression d'être dans la cour neuve d'une villa, mais une cour si immense qu'on pourrait y faire tenir sans peine 4000 ilôtes"(le phocéen avale aussi les h).

L'une des seules traces écrites du phocéen "le dialogue des joueurs de dés " figure dans un de ces recueils d'histoires drôles, les apophtegmia, que les grecs anciens affectionnaient tant :et où Pytheas personnage devenu proverbial apparait une fois encore

"-eh Pytheas, tu   as été à Lutèce et tu n'as pas vu Landolfis, alors hétaïre, c'est qu'il est mort !!

-Panis tu nous distrais !! Jettes tes dés

-à moi il me fend ..." (Attribué à Pagnolos le compagnon de Demasis)

etc

Préface pour un clône de Françoise Chandernagor

18.
Francoise Chanterminator

"La laie du Roi"

Francoise Chanterminator a d'abord stupéfié le jury du grand oral de l'ENA par sa présence physique et par sa définition glaciale de l'amour "un fleuve sibérien".

Elle s'est ensuite ennuyée au Conseil d'Etat avant d'entamer une carrière d'auteur à succès avec son cycle de "la comme tout le monde".

Dans "la laie du Roi", elle revisite les mémoires de la princesse palatine qui avait été ainsi surnommée par des courtisans médisants et jaloux en raison de son physique porcin et de son tempérament sauvage.

Quand on sait qu'une femelle de sanglier traversant, tête baissée, une nationale, avec sa harde de marcassins, est capable de défoncer de manière irréparable, l'avant d'un monospace d'une tonne cinq, lancé à quatre-vingt-dix kilomètres heures, on imagine, sans peine, la terreur que pouvait susciter un tel animal pour les occupants d'un carrosse .

C'est dire comme la rude franchise, la fausse naïveté et l'aplomb de la palatine pouvaient terrifier des courtisans aussi fielleux que frileux.

Une partie de la correspondance de la palatine avec son père a disparu dans l'incendie du château fort d'Heidelberg par les troupes françaises en 1689 du vivant même de la palatine.

Les ruines de ce château, jamais reconstruit, dominent encore la ville, symbole précoce et ambigu de relations franco-allemandes vouées à la complexité.

Pour imaginer une reconstitution de cette correspondance perdue, Francoise Chanterminator a relu les chroniqueurs et les commères du temps.

A commencer par le duc de Saint Simon et madame de Sévigné, mais elle a aussi eu accès à des sources inédites, comme ces mémoires de Georges Lucas, valet à la cour, restées à l'état de manuscrit et retrouvées dans l'enfer de la bibliothèque nationale.

Elles avaient été transférées là sous le directoire de la forteresse de Pignerol.

Leur curieuse reliure métallique en forme de masque avait attiré son attention.

A tout prendre c'était cependant là une forme moins étrange et moins amusante que l'étui dans lequel Sade passe pour avoir enfermé le manuscrit des bien nommées "120 journées de Sodome" lorsqu'il séjournait à la Bastille aux frais de la couronne.

Françoise Chanterminator a une tendresse particulière pour ce livre qu'elle présente ainsi

« J'ai écrit ce texte en état de transe, en pleine ivresse créatrice, je ne sais même plus ce que j'ai fait, lu, bu ou vu la veille"»

On veut bien la croire.

Et d'ajouter « Je ne me relis jamais, en littérature comme partout ailleurs, c'est toujours le premier jet qui est le meilleur »

 Le texte complet de la laie du roi de Françoise Chanterminator peut se lire dans « Voyages au bout de l'ennui » (destination Versailles)

Préface pour un clône de

François-René de
Chateaubriand

19.

François-René de Chateaubranlant

De la fidélité
En politique

François–René de Chateaubranlant (1768-1848) est le premier grand écrivain romantique et, à sa façon le dernier grand classique.

Ne reculons pas devant les comparaisons les plus flatteuses: c'était une sorte de Byron , de D'Annunzio et de BHL avant la lettre.

La sobriété de son style, la rigueur de ses raisonnements, l'exactitude scrupuleuse de ses récits de voyage et de ses reconstitutions historiques sont autant de vertus qui se sont hélas par la suite bien perdues.

Avant d'être un écrivain, Chateaubriand était un homme politique d'une rare cohérence, dans cette époque troublée et un serviteur de l'Etat et un diplomate à la fois humble et profondément dévoué.

Il a beaucoup fréquenté le palais des Tuileries, siège du pouvoir de 1793 à 1871.

Homme tout d'une pièce, homme d'une seule cause, il nous a laissé de nombreux témoignages de son sens de la fidélité et de l'honneur.

En effet chacun ou presque des treize régimes qui se sont succédés entre 1788 et 1848 date de sa mort (monarchie absolue, états généraux, constituante, législative, convention, directoire, consulat, empire, première restauration , 100 jours , seconde restauration, monarchie de juillet et seconde république) peut s'enorgueillir tour à tour de son soutien et de son opposition et parfois des deux en même temps.

Vous pouvez lire le texte complet de François René de Chateaubranlant dans « Larrebourg et Michu . classiques «

Préface pour un clône de Paulo Coelho

20.
Popaulo Couhello

Monte Santo

Le brésilien d'Offenbach dans "la vie parisienne" (vous vous souvenez "Paris, Paris je te reviens encore, ah,ah ah," etc) est toujours là .

Mais aujourd'hui il ne fait plus fortune dans le caoutchouc, dont les cours sont devenus trop élastiques, comme le dit si excellemment le professeur Plantu, mais dans le soja OGM, planté sur la forêt amazonienne, fraîchement déforestée.

Son refrain n'est donc plus "Allons voir chez Métella, je veux m'en fourrer, fourrer jusque-là... " mais "Allons avoir chez Monte Santo, je veux m'en fourrer, fourrer jusqu'en haut... ".

Cela n'empêche pas le mysticisme, à condition bien sûr, qu'on puisse en faire un business rémunérateur.

A preuve Popaulo Couhello le célèbre auteur, aujourd'hui à la tête d'un véritable empire éditorial new age et président d'une fondation- détaxée- pour les nécessiteux spirituels qui sont beaucoup plus nombreux qu'on ne le croit, surtout après la ménopause mais pas seulement.

Certes son symbolisme est un peu lourd et il se conjugue paradoxalement avec une totale absence de décor et de références historiques.

On est bien au moyen âge mais plutôt celui de l'heroïc fantasy chez Deconan le barbare par exemple que dans celui de Bloch ou même de Pernoud.

Les critiques latinos-américains toujours en mal de métaphores vaseuses et d'horreurs à écrire sur les grands voisins brésiliens ont pu dire que son style était lisse comme une parcelle de jungle fraichement défrichée qui n'a pas encore connu la semence.

D'autres encore que sa prose était aussi limpide que l'eau de l'amazone ayant rencontré successivement le mercure des chercheurs d'or, l'usine de pâte à papier et ses rejets, les alluvions du bassin et pour finir le barrage hydro-électrique a pots de vins et à villages indiens noyés. "

« Vous auriez préféré qu'elle soit insipide comme l'eau d'une rivière dévalant des Andes, donc une rivière péruvienne" avait répliqué finement Paulo mettant ainsi fin à la polémique.

Peu importe.

Il a redonné espoir non seulement aux ménagères ménopausées mais aussi aux jeunes déboussolés.

On a les Herman Hesse qu'on peut.

Ses ventes par millions dans le monde entier ont relancé le secteur jusque-là marginal de l'édition ésotérique.

On a pu parler à juste titre avec lui de coup de pied occulte au monde de l'édition.

Ce véritable phénomène littéraire et spirituel que ses admirateurs n'hésitent pas à surnommer "l'amazone de la pensée " nous livre dans ce rare texte autobiographique ses débuts et la naissance de sa vocation.

Préface pour un clône d'Albert Cohen

21.
Marcel Cohen

BM du seigneur

Comme son prénom l'indique, Marcel Cohen est garagiste. Garagiste à Genève et titulaire d'une prospère concession BMW.

Comme son nom et son domicile le suggèrent, il est apparenté au grand Albert Cohen, chantre de la SDN et de ses petits travers.

Mais il appartient à cette branche des Cohen qui de Corfou a suivi les anglais à Alexandrie après leur conquête des iles ioniennes sur Napoléon.

Son père, Homère Cohen, qui était déjà garagiste, réparait la Morris minor 1100 de Lawrence Durrell dans l'immédiat après-guerre.

Il apparait, es-qualités, comme un personnage secondaire dans le Quatuor d'Alexandrie de manière peu flatteuse Il est vrai, sous le pseudonyme transparent de Kroukopoulos- en français quelque chose comme Escropoulos.

Un garagiste malhonnête?

On se demande où Durrell a pu pécher une telle idée.

Il avait une grande estime pour les hommes de lettres et ignorait que Durrell en était un ou un en devenir d'où les malentendus.

Son idole était Cavafy.

Ce qu'il admirait le plus chez ce poète c'était sa triple vie.

En plus d'être un homme de lettre, Cavafy était fonctionnaire au ministère de l'irrigation et courtier en coton à la bourse d'Alexandrie, un cumul aujourd'hui inenvisageable, même en Egypte.

Cette capacité à allier la sécurité de l'emploi et la respectabilité du fonctionnaire au prestige un peu sulfureux de l'homme d'affaires tout en ayant la capacité de s'abstraire du monde matériel pour versifier le soir venu fascinait Homère Cohen qui peinait à s'arracher au cambouis, matière vile et visqueuse certes mais ô combien profitable.

Il disait toujours de Cavafy "celui-là il en a tellement dans le ciboulot et il est tellement malin qu'on croirait qu'il a fait Harvard !"

Il avait tant répété cette phrase à la terrasse des cafés qu'"Harvard" était devenu le surnom de Cavafy.

Cette plaisanterie avait atteint son comble lorsque pour célébrer le soixantième anniversaire de Cavafy, Homère avait demandé à son cousin Spiros Cohen, qui avait émigré aux Etats Unis et tenait une taverne grecque dans le new Jersey de faire le voyage jusqu'à Cambridge Massachussets pour acheter dans la boutique de souvenirs de Harvard une boite de chocolats commémoratifs et des presse-papiers aux armes de l'université.

Les chocolats étaient arrivés fondus à Alexandrie après cinq semaines de voyage en cargo mixte. Mais les presse-papiers avaient fait fureur.

Cavafy, pour rire, les laissait traîner ostensiblement dans son bureau laissant ainsi entendre à ses visiteurs qu'il y avait étudié.

Curieusement malgré de nombreux visiteurs étrangers, dont des américains, il ne s'était jamais fait prendre.

A la fin de sa vie il avait presque fini par y croire comme Kakfa écrivant "l'Amérique" sans jamais y avoir mis les pieds, mais on ne parlait pas encore d'Alzheimer.

Le seul défaut de Cavafy aux yeux d'Homère Cohen était que, ni sa vie sédentaire triangulant entre le ministère, la bourse et les cafés de la corniche, ni ses loisirs essentiellement urbains puisque centrés sur les bars à matelots du port, ne nécessitaient l'achat et l'entretien d'une automobile.

Cavafy ne faisait pas non plus d'inspections sur le terrain de travaux d'irrigation.
 Le fonctionnaire, comme le poète est un homme de rêveries fixées par l'encre sur le papier.

Il déteste être confronté à la sordide réalité qu'elle soit boueuse ou sèche.

Comme l'albatros de Baudelaire il ne saurait quitter les cieux, ses grandes ailes l'empêchent de marcher.

Les relations de la famille Cohen avec Cavafy s'étaient brutalement dégradées lorsque Cavafy retournant le présent d'anniversaire avait dédié au jeune Marcel son poème "il venait d'avoir dix huit ans, il était beau comme un enfant, fort comme un homme" et à appeler le dédicataire "bambino".

La mort de Cavafy avait mis un terme à la brouille.

Le poète avait couché Marcel sur son testament à défaut d'autre chose et Marcel avait hérité des presses papiers aux armes d'Harvard. Ils trônent aujourd'hui encore sur des piles de factures sur son bureau à Genève, dans une cage vitrée design qui domine la concession BMW comme un mirador.

Ils valent à Marcel l'estime de ceux de ses clients qui savent lire en alphabet latin et qui savent combien ce diplôme coûte et rapporte.

L'estime d'Homère Cohen pour les hommes de lettres avait atteint son climax en 1963 lorsque l'attribution du prix Nobel de littérature à Seferis avait permis à ce dernier d'acheter une très belle Mercedes SSK d'occasion ayant appartenu à Rommel, que le père de Marcel Cohen avait racheté aux surplus de l'armée britannique et qui, avec ses quarante-deux litres au 100, n'avait pas trouvé preneur jusqu'ici.

Homère Cohen, pouvait aussi réciter des passages entiers de l'Iliade et de l'Odyssée entre deux coups d'ouzos et un coup de clé à molette.

Beautés de la Grèce éternelle .

Mais l'Alexandrie coloniale n'était-elle pas une nouvelle Naucratis ?

Elle a en tout cas connu le même sort, même si les magnolias sont toujours là.

Ayant émigré et rejoint la branche ainée à Genève après les remous de la guerre des six jours, Marcel Cohen et son père ont repris leur métier de garagiste et monté à la force du poignet et de la clé à molette une affaire prospère.

Unétablissement bien connue des ambassades et consulats accrédités à Genève et des oligarques ukrainiens, russes, ouzbeks, khazaks et turkmènes et des magnats du Golfe résidant à Genève pour son service de réparation "24/7".

Moyennant un tarif adapté, le garage répare à toute heure du jour et de la nuit et toute la semaine dimanche compris, les voitures de luxes abimées par des jeunes gens aisés, emportés par l'enthousiasme et parfois l'alcool ou les substances illicites.

Le pont du Mont Blanc entre le lac et le Rhône vaut bien le pont «Johnny Walker » entre l'Arabie Saoudite et l'île de Bahrein et on trouve aussi à proximité des détaillants en chimie fine.

Marcel répare tout, même des Lamborghinis, même des Hummers.

Il n'est pas sectaire, sauf peut-être vis-à-vis des devises faibles .et encore.

Il sait, par expérience. que les billets de 1000 francs CFA même usagés, sont bons à prendre, pourvu qu'il y en ait au moins une mallette ce qui est de toute façon l'unité de compte à Genève.

Et il répare avec des gants de soie blancs comme dans les concessions BMW du Golfe et d'Asie Centrale.

Il faut bien s'adapter à sa clientèle, et à ses moyens.

Deux coups de marteau, un coup de peinture, une carte visa gold qui chauffe dans le lecteur et papa ne verra rien et papa ne dira rien.

Merci qui ?merci Marcel!

Mais pour être garagiste Marcel Cohen n'en a pas moins une âme- quoique s'il les avait connus Dante aurait certainement rangé les garagistes dans un des cercles de l'enfer- et qui plus est une âme de poète.

Ayant sauté sur les genoux de son grand-oncle Albert, fréquenté Georges Haldas, autre fils d'Hellas venu du levant au Léman, Il a combiné ses deux passions, la poésie et l'automobile dans ce petit texte qui a eu les honneurs de la revue "Le haricot et l'hélice", le magazine interne des concessionnaires BMW francophones.

Particulièrement ému par la joie d'un client régulier et quasi compatriote, un fonctionnaire international égyptien haut placé et issu d'une riche famille de propriétaires terriens du delta, à la livraison de son nouveau cabriolet série 7, Il a fait l'élégie de cette beauté mécanique parfaite dans des termes que n'aura pas renié son grand-oncle. Pour un peu on croirait entendre l'écclésiaste, ou Solal chanter Ariane.

Vous pouvez lire le texte complet de Marcel Cohen dans « Voyages au bout de l'ennui, parodies », destination Genève

Préface pour un clône de

Charles Dantzig

22.
Charles Gdansk

"Le livre du pas grand-chose, du rien du tout et du n'importe quoi"

(D'après, vaguement "L'encyclopédie capricieuse du tout et du rien" et "le dictionnaire égoïste de la littérature française" de Charles Dantzig)

Charles Gdansk est un adepte de la "littérature des listes", un genre mineur et peu pratiqué dont les plus illustres représentants sont le chinois Li Yi Chan (813-858) la japonaise Sei Shonagon (966-1025) et Jacques Prévert (1900-1977). Il s'agit de textes assez courts, sur d'apparentes futilités.

Il y a chez Charles Gdansk du Francis Ponge dont un des collègues poètes disait plaisamment "il peut chier une pendule sur un simple bracelet montre ".

Mais comme il a écrit 800 pages de ces listes, il y a aussi en lui de l'Umberto Ecco, qui disait de lui même après le succès du "Pendule de Foucault", "Ma si zé récopiais l'annouaire, z'en vendrais encore 200.000".

Si l'inspiration est au rendez-vous, ces listes ont des fulgurances poétiques et une grande puissance d'évocation.

Sinon, on sent parfois l'exploitation mécanique d'un procédé littéraire un peu facile.

Pour cette "liste de Nicolas", nous laisserons le lecteur juge-

.

Vous pouvez lire le texte de la liste de Nicolas dans « Cinquante nuances de gnôme à talonnette, chronique des années bling-bling »

Préface pour un clône de

Régine Desforges

23.
Régine Desgorges

"la bicyclette sans selle"

Régine Desgorges a commencé sa carrière littéraire dans le récit érotique avant de trouver sa voie dans la saga familiale.

L'apparition, lors d'un "Apostrophes" d'anthologie, de son minois mutin, commentant, avec gourmandise, des pratiques alors rarement évoquées à la télévision d'Etat giscardienne, a marqué toute une génération.

Au début des années 80 l'apparition de la vidéoet la création de Canal +, avec ses programmes novateurs, l'ont sans doute poussé à se reconvertir vers les pâturages plus fades, mais plus verts, et plus étendus de la saga.

Cette transition ne s'est toutefois pas effectuée sans tâtonnements.

Témoin, cet extrait d'une première esquisse de saga, reste inédite, où elle tente de marier les deux genres.

Vous pouvez lire le texte De Régine Desgorges dans « Métrognôme , parodies parisiennes, rubrique avenue Georges V-

Préface pour un clône de
Luc Ferry

24.
Luc Sherry

«Qu'est-ce qu'une vie ratée»

(D'après, vaguement, "Qu'est ce qu'une vie réussie" "Comment peut-on être ministre", "Qu'est-ce que l'homme", "L'homme-Dieu ou le sens de la vie" De Luc Ferry)

Surnommé "chéri-chéri" par des collègues universitaires, envieux de son brushing, de ses succès éditoriaux et médiatiques et de sa carrière politique, Luc Sherry est d'abord un philosophe qui puise aux sources de la sagesse antique pour nous donner des leçons de modestie, d'austérité et d'abstinence.

Vu la politique menée par les gouvernements auquel il a appartenu, puis par ses amis, ça tombe bien.

Dans ce texte magistral il fait le parallèle entre le nombre d'élèves de Socrate et la population athénienne, le nombre de lecteurs de l'Encyclopédie et la population de la France de Louis XV, le nombre de membres du NDSAP et la population du troisième reich et pour finir le nombre de possesseurs de Rolex et la population de la France des années 2010-

Il parvient à de surprenantes conclusions.

Lesquelles excusent bien des écarts.

Vous pouvez lire le texte complet de Luc Sherry dans
« Métrognôme, parodies pariiesnnes » , rubrique rue de Grenelle

157

Préface pour un clône de

Max Gallo

25.
Max Gogollo
Caligula, le rêveur foudroyé

(D'après, vaguement, "Spartacus la révolte des esclaves", "César imperator", "Neron, le règne de l'antéchrist", "Titus, le martyr des juifs", "Marc Aurèle, le martyr des chrétiens", "Constantin le Grand, l'empire du Christ" etc de Max Gallo)

Max Gogollo, à l'origine romancier d'un certain talent, quoique lyrique et daté, s'est peu a peu reconverti, l'âge venant, en polygraphe historique tous terrains.

Il a conquis ce faisant un lectorat moins volage puisque composé pour l'essentiel de personnes d'un certain âge, peu enclines à changer de fournisseurs fut ce pour les choses de l'esprit, si l'on peut encore parler d'esprit bien sûr.

Après s'être intéressé a de grands bienfaiteurs de l'humanité comme Louis XIV et Napoléon, puis à des temps tourmentés comme la révolution ou l'occupation, après avoir ensuite cultivé la nostalgie du Mallet Isaac avec de plusieurs synthèses de l'histoire de France du vase de Vix à la rencontre Carla-Nicolas chez Séguela, synthèses dont on a peine à imaginer qu'elles fourmillent d'informations brutes et originales, Max Gogollo a récemment entamé une période romaine.

Peut être a t'il hérité de la bibliothèque d'un vieil oncle professeur de latin.

Avec l'obstination du tâcheron payé à la carcasse dépiautée dans un abattoir, et avec une organisation que l'on devine quasi-industrielle, Max Gogollo extrait donc chaque semestre du rayon "histoire" de sa bibliothèque municipale un pensum.

Il taille son pavé, comme d'autres taillent, avec plus de douceur, des plumes.

Et ce pavé provoque dans les maisons de retraite la même ruée que les jours où la cantine sert des îles flottantes.

Flottantes également ont été ses convictions politiques et religieuses qui se sont rapprochées avec le temps de celles de son lectorat, amateur d'ordre, de sécurité et de certitudes et souvent plus préoccupé d'au-delà que d'au dehors.

Commencer comme Eugène Sue pour finir presque comme Benoist-Méchin, ça c'est un destin.

Ayant pour seul rival aujourd'hui Christian Placq, il est parvenu à remplacer comme géant de l'historiette des icônes telles que Feu André Castelot et le toujours vivant mais accablé d'honneurs et donc moins productif, Alain Decaux.

Avec lui l'histoire par le petit bout de la lorgnette et vue de l'arrière cour, ce que d'aucuns ont appelé plaisamment "l'ecole des anals", a un avenir assuré.

La sénescence rime souvent avec la nostalgie de la turgescence.

Max Gogollo, ne fait pas exception à cette règle. Il semble voir pris, l'âge venant, ce qu'on appelait, sous la troisième république, des goûts de sénateur.

Il est vrai qu'il aurait pu finir, s'il était resté fidèle à ses idéaux de jeunesse, au Conseil Economique et Social comme Georgette Lemaire ou même au Senat comme Julien Dray ou Jean Luc Mélenchon.

Max Gogollo focalise en effet sa capacité de production actuelle sur les empereurs les plus singuliers et les plus imaginatifs de l'histoire romaine.

Voici donc après Néron, Caligula, en attendant Tibère, Héliogabale et Caracalla, programmés pour les trois prochains semestres.

Comme Bob Guccione propriétaire de Penthouse et producteur du film "Caligula" et comme tous les "biographes" de Caius Julius Caesar dit Caligula ("petits brodequins règlementaires") Max Gogollo a remixé "les douze césars" de Suétone.

Quelques dizaines de pages, tout au plus, pondues par un plumitif malhonnête, écrivant 120 ans après les faits et payé grassement par les Antonins, dynastie de parvenus et d'hypocrites (Trajan, Hadrien, Marc Aurèle, Antonin...) pour salir, avec application, tous leurs prédécesseurs.

Comme Bob Guccione, qui appelait une chatte une chatte, Mac Gogollo a senti la nécessité de donner une caution culturelle aux anecdotes salaces de Suétone.

Pour Guccione, un vrai écrivain, Gore Vidal, comme scénariste aux cotés de Tinto Brass, metteur en scène bien connu des amateurs de films érotiques vintage et de vrais acteurs, comme Malcom Mac Dowell et les deux sociétaires de la Royal Shakespeare Company qu'étaient Peter O' Toole et Helen Mirren aux côtés des performers hongrois et des actrices spécialisées tchèques.

Pour Max Gogollo dont les moyens et les contraintes sont plus modestes c'est du côté de Camus des tragédies romaines de Corneille et Racine et même de Brecht que les cautions culturelles ont été recherchées.

Le résultat est effectivement une tragédie.

Mais contemporaine et non classique, ça sent le collage.

Mais la colle n'est elle pas la cocaïne des plus jeunes ?

D'ailleurs il ne retient de Racine qui prend Néron à un moment oû "Il n'a pas encore tue sa mère, sa femme, ses gouverneurs mais il a en lui les semences de tous ses crimes" (seconde préface à Britannicus) que la semence.

Suétone a fait depuis le moyen âge les délices de générations de latinistes boutonneux.

Maintenant que les jeunes n'apprennent plus le latin et ont accès pour leurs boutons à des délices plus tangibles que de simples caractères d'imprimerie, c'est pour le troisième âge que Suétone va revivre grâce à Max Gogollo.

En adaptant Suétone, Max Gogollo n'a pas oublié ce mot de Rousseau dans les Confessions "il y a des livres qui se lisent d'une seule main". Forcément, il faut bien que l'autre tienne le déambulateur.

Préface pour un clône de

John Gray

26.
John Graal

« Les hommes préfèrent les Farces, les femmes les bonus »

Le succès de la "littérature" consacrée à la compréhension de l'autre sexe a quelque chose d'à la fois totalement irrationnel et de parfaitement légitime.

Par comparaison, la théologie est un sujet simple: La création comme résultat est un fait tangible et la création comme processus est scientifiquement prouvée depuis la découverte du big bang.

Ajoutez les constantes cosmologiques qui ont permis l'existence de l'univers et donc de la vie et l'expansion de l'univers et vous avez un dessein, même s'il reste obscur.

La Genese et Haydn -ah ce coup de cymbales!- avaient raison sans preuve comme Démocrite et Lucrèce pour les atomes.

Et tant pis pour Einstein qui ne supportait pas les relents de sacristie de cette théorie .

Appelez ça Nature ou appelez ça Dieu peu importe. Dotez-le, ou non d'une conscience, d'une empathie ou d'une capacité de rédemption.

Ce sont là des questions secondaires, des accompagnements autour du plat principal, qui ne méritent pas que l'on s'étripe comme on le fait pourtant depuis des siècles.

Tandis que comprendre l'autre sexe, autre sujet éternel d'étripage, voilà un mystère insondable, un sujet inépuisable.

Pourquoi pas vouloir comprendre ses parents ou ses enfants tant qu'on y est !

Voire se comprendre soi-même-

Sur ces sentiers ténébreux, et pourtant battus et rebattus, c'est John Grey qui ces dernières années a tiré le gros lot et un feu d'artifice avec sa série Mars-Vénus.

Il tente avec ce livre d'atteindre et de fédérer d'autres publics que les couples au bord du divorce tels que les fashion victims ou les yuppies non encore stabilisés.

Pour ce faire, il a, cette fois, joint ses forces avec Sophie Kingmella (auteur de la série "les accrocs du merchandising") et Candace Mushmiell (auteur de la série "sex and the suburb").

Le résultat est ce nouvel opus, au parfum très new-yorkais et pourtant universel "Les hommes préfèrent les farces, les femmes, les bonus"

Pas de parodie : à quoi bon ?

Préface pour des clônes

d'Henri Guaino
et de Nadine Morano .

27.
Collectif Céline
sous la présidence

d'Henri Guano
et de
Nadine Morlanno

On peut difficilement imaginer personnalités plus dissemblables que celles d'Henri Guano et de Nadine Morlanno.

 D'un côté, un géant austère à l'apparence abrupte et aux propos glaciaux, un intellectuel froid, plume de l'ex président son plumeau, disent les mauvaises langues.

De l'autre, une passionaria accorte aux propos incendiaires, quintessence d'oralité et de réactions épidermiques. Le balai de chiottes de l'ex-président disent les mauvaises langues parce qu' qui l'a effectivement utilisé pour essayer de détacher le brun qu'on trouve aujourd'hui au fond des cuvettes industrielles de l'est.

Pourtant trois choses au moins les unissent :

-   la haine du politiquement correct et le goût de la provocation (souvenez-vous du discours de Dakar de l'un « l'homme africain n'a pas d'histoire.. » si , celle de l'esclavage pour commencer, et des flirts de l'autre avec le front national) ,

- *la fidélité à Nicolas Sarkozy (ils sont tous deux membres du comité visant à lui faire décerner le prix Nobel de la paix pour son action en Géorgie)*

- *et enfin ce collectif Céline qu'ils co-président*

Le "collectif Céline" est un groupe de professeurs, de linguistes, de grammairiens et de spécialistes de la francophonie qui entend refonder et revivifier la langue française, comme le groupe de mathématiciens regroupé sous le pseudonyme de Nicolas Bourbaki (notez la troublante homophonie) a refondé les mathématiques.

Le collectif rend hommage dans cette lettre ouverte à l'action subtile[3], mais sans relâche du président en ce sens, président hélas contraint de louvoyer avec tous les conservatismes de la société et de la culture française a commencer celui de l'académie.

Etant résolument apolitique, le groupe n'a toutefois pas souhaite faire référence au nom de celui qu'il considère comme son porte drapeau et a préféré choisir celui, moins sujet à controverse, consensuel presque (n'étaient quelques errements) d'un autre grand rénovateur de la langue française, Louis Ferdinand Céline, par ailleurs un des auteurs favoris du président.

---

[3] *Sans rire*

"refonder la langue française sur les pas du président Sarkozy, lettre ouverte au ministre de la culture et au haut conseil de la langue francaise"

Préface à l'édition intégrale et verbatim des discours de Nicolas Sarkozy

"Il est temps de réformer la langue française. L'exemple vient d'en haut, enfin et l'occasion est historique. Sachons la saisir, car qui sait quand elle se représentera, peut-être jamais ...

Des trois grands rénovateurs de la langue française au XXème siècle, Louis Ferdinand Céline, Frederic Dard/ San-Antonio et Nicolas Sarkozy, un seul est parvenu au pouvoir.

Et c'est bien là qu'il faut être si l'on veut agir, comme le montre l'exemple de Richelieu et de l'académie française, sans majuscules.

Et Nicolas Sarkozy est aujourd'hui bien plus puissant que ne l'a jamais été Richelieu.

Il ne risque pas d'être renversé par une conspiration. Il n'est pas sujet au bon vouloir du roi.

Il est le roi.

Seul le temps lui manque et même cela peut s'acheter.

Il n'est que temps d'agir.

La langue française est en danger. La langue française se meurt. La langue française est morte.

Mais nous devrions bien plutôt dire: une des deux langues françaises est morte.

Et elle seule.

Car il y a bien deux langues françaises aujourd'hui.

Comme en Suisse alémanique, oú l'on parle switzerdutsch, le soi-disant "dialecte", en fait une langue part entière et où l'on écrit en "bon" allemand en hoschdeutsch, deux langues complétement différentes et aussi éloignées que le hollandais peut l'être de l'allemand.

Il est de bon ton aujourd'hui de se moquer de nos amis grecs.

Pourtant nous gagnerions à aller nous faire voir chez eux.
Eux aussi avaient une langue "purifiée", la khataveroussa, création artificielle, sans racine populaire, hérissée d'archaïsmes, à la grammaire complexe et "purifiée" des apports étrangers-ce ne sont que des mots, mais ils font frémir-.

La Grèce nouvellement indépendante, l'avait adopté en 1839, avec une dynastie bavaroise. Et des resultats également désastreux.

La langue du commun, le dimotiki, n'était pas jugée assez élégante, ni assez adaptative, avec ses racines paysannes, pour un nouvel Etat moderne.

Résultat: la diglossie, ce trouble psychologique et sociologique de la maîtrise imparfaite de deux langues, avec ses effets d'exclusion sociale.

Plus une querelle linguistico-politique de 150 ans où les noms d'oiseaux ont volé bas.

Finalement c'est seulement en 1976 que le démotique a chassé la langue purifiée.

Et ce n'est pas un hasard si cela a été là l'une des premières décisions du gouvernement démocratique.

Nous aussi, nous avons une khataveroussa.

Mais nous ne nous en sommes pas encore débarassés.

 Chez nous également la langue parlée n'a plus rien à voir avec la langue écrite.
La preuve ?

Le moyen le plus simple de faire rire est de parler comme on écrit ou d'écrire comme on parle.

Et c'est pourquoi les mauvais esprits trouvent, à tort, Nicolas Sarkozy comique: au lieu de parler comme on écrit comme l'ont fait tous les présidents jusqu'à lui (ce qui a force avait cessé d'être comique) , lui a eu le courage d'écrire comme on parle et de parler comme tout le monde.

Mal.

Et c'est bien.

S'il fallait une autre preuve du fossé immense qui sépare aujourd'hui la langue écrite, figée à jamais dans une pseudo perfection dix-septième siècle et la langue orale qui, elle n'a cessé d'évoluer c'est vers les étrangers assez inconscients -de notre déclin- ou assez masochistes pour apprendre encore le français que nous nous tournerions.

Ils apprennent laborieusement notre langue dans des livres et sur de auteurs du dix-huitième et dix-neuvième siècle, de Rousseau à Hugo et de Voltaire à Dumas.

Du coup, projetés dans la réalite française d'aujourd'hui par la grâce d'un stage ou d'un poste, ils se retrouvent incapables de comprendre, de suivre et a fortiori de mener la conversation courante la plus basique dans la rue ou dans la vie quotidienne.

 Oui la langue française telle que l'entend l'académie est presque morte.

Et c'est paradoxalement Richelieu qui l'a tuer. Avec un R.

D'ou notre slogan "pas de non-lieu pour Richelieu ,pas d'amnistie pour l'académie, pas d'acquittement pour les les nécromants !!!"

Revenons quatre siècles en arrière. Aux sources mêmes de cette nécrose.

Au XVI ème siècle, ni l'orthographe, ni la syntaxe, ni même les mots ne sont complètement stabilisés.

Un même mot peut être orthographié de deux ou trois manières différentes à quelques pages de distance, par un même auteur, les néologismes et les mots-valises fleurissaient librement. Ca n'avait aucune importance.

Et quelle verdeur, quel jaillissement !!

Les poésies de Ronsard n'ont pas pris une ride et nous parlent, celles de Voiture, de Ménage d'Urfé sont devenues illisibles : des mots corsetés, vides.

Et que dire des prosateurs: chez Montluc, chez Rabelais, chez Montaigne, les mots jaillissent, virevoltent au service de l'idée, de l'impression ou de la démonstration, pas de lourdeurs, pas de période ronflante.

Non, la vie. La vie tout court.

" Enfin Malherbe, vint" écrit Boileau, cet autre crétin,

« et, le premier en France,
Fit sentir dans les vers une juste cadence,
D'un mot mis en sa place enseigna le pouvoir,
Et réduisit la muse aux règles du devoir.
Par ce sage écrivain la langue réparée
N'offrit plus rien de rude à l'oreille épurée ».

En clair d'une prairie fleurie il a fait un bout de gazon uniforme et terne et aujourd'hui pelé par l'usure du temps.

Pour un Blaise Pascal, lumineux et profond, combien de classiques empesés et désincarnés, au sens étymologique, sans chair, sans viande, sans tripes, sans cœur ?

Empty suits" disent les anglais. C'est exactement ça. Pas de vie, pas de sang.

Et ils s'en vantent même. Quelle platitude à côté de la langue de Shakespeare.

On objectera certainement qu'il ne faut pas confondre la langue et l'usage qu'on en fait.

Mais c'est bien la faute de la langue.

La preuve : les tentatives de réaction des romantiques pour réinjecter un peu de vie dans cette langue corsetée et déjà morte, nous paraissent aujourd'hui boursouflées. La légende des siècles ou le théâtre d'Hugo sont devenus presqu'aussi illisibles que le théâtre de Voltaire ou les vers du cardinal de Bernis.

De la première moitié du dix-neuvième siècle. Il n'y a guère que Stendhal qui surnage. C'est le seul auteur qu'on peut essayer de faire lire, en dehors des lectures obligées des cours de français, à nos adolescents

Et encore à un adolescent sur 20. En comptant large.

Voila qui replace la diatribe du président Sarkozy sur" la princesse de Clèves" dans son contexte-

Malheureuse sur le fond -le livre est tout de même un chef d'oeuvre de finesse psychologique même si tout cela est un peu gnan-gnan et que "la reine Margot" de Dumas et plus encore son adaptation cinématographique sont infiniment plus proche de la réalité du XVIème siècle-

Mais une diatribe juste sur le fond : quel ennui tout de même, quel pensum.

En complet contraste, penchons-nous un instant sur les discours du président Sarkozy.

Contrairement à ce que l'on croit, rien n'est plus préparé, rien n'est plus écrit, que les interventions "spontanées" du président.

Sur un sujet donné, au travers d'échelons successifs, des armées entières de polytechniciens, d'énarques et de normaliens écrivent et ré-écrivent le discours.

D'abord en « bon » français (donc dix-septième et cul serré , incompréhensible pour l'électeur de base) et avec un contenu cohérent, puis à mesure qu'on franchit les échelons, toujours en « bon » français, mais de manière de plus en plus incohérente et approximative, le texte perdant son unité et ses articulations initiales du fait de multiples rajouts et suppressions, selon des lois immuables décrites en détail dans l'immortel "Les lois du progrès "de C. Northcote Parkinson.

Mais il en a toujours été ainsi.

Ce qui fait l'originalité du président Sarkozy, c'est la dernière étape, celle de l'"oralisation" qui adapte le produit écrit quasi-final au style présidentiel.

C'est un processus qui repose sur des règles simples mais dont la mise en œuvre est assez complexe.

L'euphémisme en usage chez les conseillers de l'Elysée est de "trouver le rythme et la musique de la parole présidentielle ".

On est plus dans le tam-tam ou le rap que chez Mozart ou Bach.

Pas de mots de plus de deux syllabes, insertion de "euh" et de "j'vais vous dire", répétition de chaque message élémentaire par une paraphrase, suppression systématique des "ne", élision des "e" semi-muets ("j'vais"), insertion d'oxymorons ("le projet de réforme de la politique agricole commune qui est une anticipation de concessions déjà faites ailleurs ».

Bref une patte unique et inimitable et qui parle aux foules comme on n'pas su le faire depuis une bonne soixantaine d'années.

Etc »

Ç'aurait pu être là la réforme la plus durable de Nicolas Sarkozy mais c'est hélas resté un voeu pieux.

Les deux présidents suivants sont revenus aux vieilles ornière . ils parlent comme ils écrivent.

Mais parfois ils se lâchent devant des smartphones, et quel scandale alors !

Malgré tout, tous les espoirs sont permis à terme.

D'abord internet, Twitter, Facebook et les SMS en donnant la parole à tout le monde pour dire n'importe quoi à la terre entière ont «modernisé »l'orthographe et rapproché la langue écrite sur écran de la langue parlée.

Ensuite, l'horizon politique glorieux   qui pointe à la suite du Royaume-« Uni » des Etas Unis de la Pologne, de la Hongrie, de l'Autriche ,de la Turquie, de la Russie et maintenant de l'Italie,   en attendant bientôt l'Allemagne et nous-mêmes, augure aussi d'une simplification prochaine de la langue.

Le bras tendu s'accommode mal des mots de plus de trois syllabes.

 Et le pas de l'oie, l'étape suivante, se dirige à coups aide simples onomatopées puisque comme le disait si justement Einstein, la moelle épinière suffit.

Préface pour un clône
D'andré Glucksmann

28.
André Gloupsmann

Catalogue de l'exposition "ruptures et redemptions: variations sur les figures du traître et de la girouette dans l'art et la littérature"

(A la Bibliothèque Nationale puis en tournée dans les centres culturels des alliances françaises en Afrique de l'Ouest et au Maghreb dans le cadre du volet culturel de l'aide au retour sous le haut patronage du ministre de la culture mr Frederic Mittelbrand, du ministre de affaires étrangères mr Bernard Bouchler et le ministre de l'immigration et de l'identité nationale mr Erik Fesson)

Pour la première partie du catalogue de l'exposition "ruptures et rédemptions: variations sur les figures du traitre et de la girouette dans l'art et la littérature", centrée sur la figure du traître a sa patrie, c'est à Jacqueline de Chantilly que les commissaires de l'exposition se sont adressés et elle leur a donné son dernier texte "Alcibiade ou la peur du succès".

Pour la figure du traitre à son milieu les conservateurs ont choisi un texte posthume de Françoise Mollo "le cas du petit Pierre J. et du jeune Laurent F, deux nouveaux Saint Francois d'Assise?"

Et qui était mieux placé qu'Andre Gloupsman pour rédiger la troisieme partie du catalogue, centrée elle autour de la figure du traitre à sa foi ou à ses engagements ?

Peut être Philippe Sallers qui, après une éducation provinciale chez les bons pères, a lui aussi commencé par le maoïsme frénétique de la révolution culturelle pour finir, après de multiples emballements et métamorphoses, par redevenir, aux dernières nouvelles, Ce qu'il a toujours été, un grand bourgeois viveur, enfin autant que lui permet désormais son lourd kilométrage.

Phippe Sallers est un vrai Révolutionnaire, au sens étymologique, puisqu'il a accompli un cercle à 360 degrés par ce retour aux sources.

Mais Philippe Sallers, malgré le fleuve d'encre qu'il a répandu sur la plaine des lettres, a toujours eu la sagesse, lui, de s'en tenir à ce qu'il connaissait le moins mal: la littérature, la psychanalyse, la musique et l'art pictural.

Il n'a jamais donné, sauf brièvement au début, dans la leçon de politique ou de géostratégie, domaines où les ruptures et les rédemptions peuvent se déployer pleinement.

Et c'est pourquoi les conservateurs de l'exposition, après de longues hesitations, se sont tournes finalement vers André Gloupsmann.

Les seules choses qui n'aient, en effet jamais changées chez André Gloupsmann sont sa coupe de cheveux a la Mireille Mathieu et sa propension irrépressible à donner des leçons.

Le contenu de ces leçons par contre, a considérablement évolué au fil du temps .

Ce n'est pas le sens de cette àvolution, terriblement banal, de gauche à droite qui est remarquable .

Ni même le nombre de changements, il faut bien renouveler l'intérêt du lecteur.

Mais leur vitesse, leur radicalité et leur virulence qui impressionnent. Chez un homme politique cette évolution s'étend généralement sur une carrière entière et s'opère souvent de manière quasi-insensible par ce que Robbe-Grillet appelait le glissement progressif du plaisir (voyez Clemenceau, Briand, Laval, Doriot et tant d'autres).

Mais là, elle ne prend que le temps de publier un nouveau livre.

 Sans appel, il brûle ce qu'il a adoré , adore ce qu'il a brûlé. Ardeur de nouveau converti ? Révélation ? Tempérament de feu ?

Aucune description n'est satisfaisante.

On est plutôt dans le ressort de la pyschanalyse, du stade anal, du transfert, de l'image du père, de la scène primitive et de la castration symbolique.

Ses amis successifs ont fini par le surnommer "Gloups " ou encore "pacmann" en référence à sa capacité à absorber les idées les plus exotiques (maoïsme avant hier, néo-gaullisme sourcilleux hier, néo-conservatisme atlantiste à la Irving Kristol et à la Dick Cheney aujourd'hui par exemple en attendant la suite) à s'enflammer pour elles et à l'accommoder à la sauce française.

Si l'objet de l'anathème change, sa vigueur demeure, et cela seul importe puisqu'en définitive c'est elle qui fait vendre.

Si l'adage selon lequel celui qui n'a jamais changé d'avis est un imbécile, alors Andre Gloupsmann est très , très, intelligent.

Préface pour un clône de

Michel Houellebecq

29.
Michel Houelleboucq

Préface pour
" la carte de France et le drap"

(D'après, vaguement "la carte et le territoire")

Toute l'oeuvre de Michel Houelleboucq jusqu'à présent semble marquée par l'antienne qu'il a entendu de la maternelle à la terminale :

-"Où est le bouc ?"

-"Dans ton cul !!!"

Slogan repris en choeur et ad nauseam par une classe entière.

Slogan si marquant au qu'il l'a inscrit en frontispice de son premier grand succès "les testicules rudimentaires".

Même si ce harcèlement a cessé avec les études supérieures puis la vie professionnelle, grâce au vernis d'hypocrisie que la vie sociale entre adultes apporte, Michel Houelleboucq, à quarante ans passés, semble encore tenter d'exorciser, par une sorte de catharsis répétée, cette virtuelle sodomie pourtant active.

En témoignent les autres titres de sa bibliographie :

-« Extension du domaine de la turlute",

-"HP love craft: de la poupée gonflable à la jouissance informatisée",

-"Plates formes",

-*"Dans ta grotte"*,

-*"La possibilité d'un slip"*,

-*"Le sens du con bas"*
-*"Rester tendu et autres textes"*.

Il en va de même de ses oeuvres à quatre mains :
"
-Sévices pubiques" avec Bernard Thibaud et

-"Dindes farcies" avec Maïthé.

Pourtant chez Houelleboucq le sexe, omniprésent, n'est ni jouissance, ni gaudriole.

Il est misère et frustration.

Incomplétude et désespoir.

Mise à nu de l'âme et absence de rédemption.

Et c'est cette humanité profonde, comme écartelée en son milieu, qui fait, sans aucun doute, de Michel Houelleboucq l'un des plus grands écrivains de langue française vivant, en parfaite résonance avec son époque sinistre.

Le texte complet de « la carte de France et le drap » de Michel Houelleboucq peut se lire dans le « Larrebourg et Michu : XXIème siècle » et dans « Cinquante nuances de gringue, et plus si affinités, parodies sex drug and rock'n roll », rubrique sex)

Préface pour un clône de Christian Jacq

30.
Christian Placq

La véritable histoire de Champollion

Avec la modestie d'un bon artisan Christian Placq a tenu à préfacer lui-même son ouvrage

La véritable histoire du déchiffrement des hiéroglyphes n'émergea que l'an dernier lors de travaux de réaménagement du musée installé dans la maison natale de Champollion à Figeac.

J'en ai eu la primeur par un heureux concours de circonstances. J'étais venu étudier les archives du musée pour nourrir mes prochains ouvrages.

Je satisfaisais un besoin pressant devant l'urinoir lorsque j'ai entendu un juron, avec un fort accent portugais, en provenance de la cabine des toilettes où s'activait dans un bruit de marteau piqueur ce que je pensais être un plombier et qui s'avéra être un maçon.

-"Mais qu'est ce que c'est que cette connerie qui bloque mon marteau piqueur!!!"

La "connerie" en question était une boîte en fer encastrée dans le mur. Je m'approchai et suggérai au maçon de la montrer au conservateur.

-"Ah ca jamais, pas a lui, après ce qu'il a osé dire devant moi sur "ces bons à rien d'Europe du sud qui coulent l'euro et ruinent nos banques" oui monsieur, il a dit ça, ce petit monsieur qui ne serait même pas assez fort pour tenir ce marteau piqueur en marche, qui ne saurait pas coller une plaque de BA13 ni couper un carreau de carrelage.

Le bon à rien, l'inutile, c'est lui, il "conserve", la belle affaire ! les choses se conservent toutes seules.

Non, je préfère jeter ça à la déchetterie avec les gravats.

D'ailleurs on ne peut rien en faire, même pas y mettre des outils, c'est tout cabossé et tout rouillé. Ca ne vaut rien..."

- Puis je vous accompagner à la déchetterie? Je ne la connais pas encore" suggérai-je alors

- Si ça vous amuse. Mais où est ce que vous mettez vos gravats alors ?

Et c'est ainsi qu'au prix d'un billet de cinq euros glisse au gardien de la déchetterie j'ai pu récupérer dans la benne à gravats la boîte et son contenu, un manuscrit de Champollion racontant le fin mot de l'histoire.

Depuis la commune, le département, la région et le ministère de la culture se sont cotisés pour me racheter le manuscrit que j'ai après tout sauvé de la destruction et dont je suis l'inventeur, au sens archéologique du terme.

J'ai tenu à remercier à ma façon monsieur Dos Santos de l'entreprise de maçonnerie Dos Santos et Dos Santos en lui offrant un exemplaire dédicacé de chacun de mes ouvrages soit l'équivalent, familier pour lui, d'une bonne brouette de chantier.

Il a dit que ça tombait bien car il avait une cheminée à bois.

J'imagine qu'il veut me lire au coin du feu.

N'est ce pas merveilleux ?

Ces mains calleuses et qui ont trempé toute la journée dans la sanie, vont, le soir venu, tourner des pages que j'ai écrites et leur propriétaire voyager par l'esprit dans l'espace et dans le temps jusqu'a l'époque des pharaons.

Il va découvrir en avant-première les aventures des auteurs des graffitis que; j'ai pu reconstituer à partir des planches de Denon qu'on a finalement trouvé dans un carton jamais ouvert qu'il avait légué aux archives nationales.

Les graffitis de la joyeuse bande d'artisans au chòmage de Midinet Abou datent de la période troublée qui a suivi la mort d'akhenaton, pharaon quasi-monothéiste et la reprise du pouvoir réel par les prêtres d'Amon vers 1200 (?) avant Jésus Christ.

Vous aussi, dans mon prochain ouvrage, à paraître dans trois mois, le temps de l'écrire, ferez connaissance avec la belle Clitoris, avec le joli coeur Tathmasis, avec le facétieux Sesshoushpet, avec le timide Houtoutefouré et avec l'acide Nephrit. Vous rirez aux blagues salées de Pfeffer, vous baffrerez avec Haffepshit, les plats préparés par le cuisinier Moulphrit, sans parler d'Ahmès Hetouhmou, d' Hank- Oremptikou, et d' Akelteton.

Des momies, du sang, du sable, du sexe.

Ne vous précipitez pas sur vos déambulateurs, il y en aura pour tout le monde !

Préface pour un clône de Jérôme Kerviel

31.
Jérôme Queuvieil

"Comment j'ai coulé la Compagnie Générale et la société en général"

(D'après, vaguement "l'engrenage: mémoires d'un trader " de Jérôme Kerviel)

Comment j'ai.." est un document exceptionnel.

Il s'agit de la première version du livre de Jérôme Queuvieil avant que son avocat ne le fasse réviser par un nègre sur la forme et par un cabinet de conseil en communication sur le fond.

Le manuscrit original avait en effet deux caractéristiques frappantes.

D'abord, il faisait montre d'une acrimonie sans relâche a l'égard des "seigneurs" des salles de marchés, dont il n'était pas, au point de les traiter de tous les noms et d'en dresser un portrait tellement crû qu'il en devient presque injurieux.

Mais le lecteur -et l'électeur - ne se laisseront pas abuser par ces allégations: de telles choses ne peuvent tout simplement pas exister.

En second lieu, le manuscrit révélait une totale absence de remords. Ces deux éléments étaient clairement de nature à indisposer fortement les juges.

Dans ces pages, Jérôme Queuvieil révèle une personnalité complexe.

Il est à la fois fasciné par la puissance et la complexité du monde financier incarnées par la salle des marches et écœuré par sa vulgarité; désintéressé ou presque pour lui même mais âpre au gain pour sa banque au point de jongler avec des millions puis des milliards, qu'il a fini par croire virtuels.

Il ne faut pas chercher très loin l'origine de ces contradictions et de ces déchirements.

Jérôme a été marqué de manière indélébile - par opposition à immaculée - par son éducation chez les bons pères.

Il lui en reste d'ailleurs une culture historique et littéraire surprenante pour une profession ou l'horizon de lecture ne dépasse généralement pas les catalogues des firmes BMW, Porsche et Ferrari.

Il y a dans sa volonté cumulée de puissance et d'abjection du Camus de "l'Etranger", du Sartre du "Mur", du Céline du" Voyage", du Virginie Despentes de "Baise moi" et même du Nicolas Sarkozy de "Mandel, le moine de la politique". C'est à cette puissance lyrique du désespoir, de la spirale et du virtuel que nous avons voulu rendre hommage en publiant des extraits du texte initial.

Vous pouvez lire le texte complet de Jérôme Queuvieil dans
« voyages au bout de l'ennui« destination La Défense

Préface pour un clône de

Stieg Larson

32.
Stieg Klakson

"La fille qui buvait de l'aquavit au petit déjeuner -Pandemonium tome 4- "

(D'après, vaguement, la trilogie "Millenium" de Stieg Larson: "Les hommes qui n'aimaient pas les femmes", "La fille qui rêvait d'un bidon d'essence et d'une allumette" et "La reine dans le palais des courants d'air")

Avec l'aimable autorisation des Editions Actes Nord de Göteborg nous sommes fiers de vous présenter les premiers extraits du tome 4 de Pandémonium.

Le manuscrit a été retrouvé dans le coffre arrière, sous le tapis de sol, de la Volvo de feu Stieg Klakson.

Le véhicule, qui avait vingt ans d'âge et n'était plus coté, était au nom de sa compagne, par ailleurs totalement spoliée de la succession, pour une sombre histoire de malus d'assurance après un accident en état d'ivresse.

On y retrouve tous les personnages de Larson :l e journaliste Eckhart Tequist, son ex-compagne punk et hacker Lisbeth Haddedoe, le magnat du meuble en kit Ingmar Krampredd, la mafia russe, un gang de hells angels, un conglomérat chinois, le groupe Appla et beaucoup, beaucoup, de neige fondue.

L'intrigue s'inscrit dans la lignée des trois tomes précédents : le journaliste Eckhart Tequist, ruiné par un procès en diffamation intenté par le groupe Appla, se voit offrir l'occasion de se refaire, en enquêtant pour le compte du magnat du meuble en kit Ingmar krampredd dont le catalogue en ligne est menace par des hackers à la solde de la mafia russe. Le passé trouble du magnat resurgit.

Pourtant on perçoit chez Larson de la lassitude et l'approche de la mort .il va jusqu'à prévoir une happy end : après beaucoup de ligotages, de passages à tabac et de cadavres plus tard, Eckhart Tequist et Lisbeth Haddedoe récupèrent assez d'argent pour écrire un livre sur les Sex Pistols tandis que le magnat du meuble en kit Krampredd décide finalement de s'installer en Suisse pour se rapprocher de ses nouveaux partenaires en affaires.

Préface pour un clône

d'Emmanuel Leroy-Ladurie

~ 216 ~

33.
Emmanuel Legoître Ladurite

La famille rurale au moyen âge: nucléique("hard core") ou élargie ?

Nous devons à l'école des anales aussi bien des monographies comme "histoire des trépanées au temps de Philippe II" de Bernand Fraudel ou "Le choc bactérien en retour du nouveau monde: histoire de la syphilis au XVIème siècle" de Pierre Chaugrenu , que de magistrales synthèses comme "L'identité de la tranche : vingt siècles de viande rôtie en France " du même Bernand Fraudel ou "Le chevalier, la femme, le prêtre et la sacristie" de Georges Dubyt.

Emmanuel Legoître Ladurite s'inscrit dans cette double filiation. Après deux monographies remarquées "Mondevenious, village occitan" et "Le carnaval de Riaux", Il nous livre une magistrale synthèse sur la société rurale occidentale médiévale, contribution à l'encyclopedia Britannica.

Encyclopédie, le mot est lâché.

Comme au dix-huitième siècle, c'est en y écrivant des articles que nos philosophes et savants d'aujourd'hui diffusent leurs recherches.

Mais à la différence de Rousseau et de son article sur Genève par exemple, point de digressions, point de message révolutionnaire caché, point d'empathie avec le sujet.

Il s'agit d'une histoire objectivée, réifiée même, d'une analyse des structures pérennes au-delà des va et viens apparents du temps court.

Même si cette histoire concerne les mentalités et les comportements, l'historien doit faire preuve du plus total détachement émotionnel, de la plus grande distance personnelle possible vis à vis du sujet qu'il traite.

Emmanuel Legoître Ladurite y parvient à merveille dans cet extrait consacre à la pratique de l'inceste.

Vous pouvez lire le texte d'Emmanuel Legoître-Ladurite dans « Cinquante nuances de gribouilleurs de théorie, parodies scientifiques, sciences dures et sciences molles » , rubrique sciences molles, histoire)-

Préface pour des clônes de

Konrad Lorenz et Friedrich Hayek

34.
A la manière de Konrad Grorengz et Friedrich Heilek

Zoologie et fonction publique, dégénérescence et état providence, pour un retour à l'ordre naturel des choses: prédation et agression.

 Sous ce titre, à la légèreté toute germanique ("Tierkunde und öffentlicher Dienst, Degeneration und Wohlfahrtsstaat: für eine Rückkehr hat die natürliche Ordnung(Auftrag) der Sachen, der Vorübergabe und des Angriffes" dans le texte) se cache un article, en forme dialogue socratique, rédigé à deux mains par Konrad Lorenz et Friedrich Hayek.

Il ne figure pas dans les bibliographies respectives des deux prix Nobels car il a été refusé par toutes les revues savantes auxquelles il a été proposé, qu'elles soient de zoologie, d'éthologie, de science politiques, de sociologie ou d'économie, officiellement pour "hors sujet", officieusement pour gâtisme précoce.

Les deux hommes, unis par des convictions fortes, forgées dès les années trente, en ont été fort meurtris

Même le zoo de Vienne et la Société du mont-pèlerin, fidèles d'entre les fidèles ont refusé de le publier à compte d'auteur. Ils ont par contre pris en charge deux infirmières spécialisées en gériatrie, qui n'ont plus quitté les deux prix nobels

Ce n était pourtant pas la première fois que Konrad Lorenz partageait ces convictions fortes avec un autre intellectuel germanique de haut vol, puisqu'il l'avait déjà fait avec Karl Poppers ("l'avenir c'est demain et après" , Champs Flammarion).

Cet ostracisme des bien –pensants est éminemment regrettable car la thèse soutenue ici est d une lumineuse évidence.

On sait que pour Konrad Lorenz, l anthropocentrisme, la projection de comportements et de sentiments humains sur des animaux ' a aucun sens

.

En revanche, pour lui, le concept symétrique, le zoocentrisme, la projection de comportements animaux sur des humains, est absolument pertinent et fournit une explication à tout.

La fonction publique et les fonctionnaires lui posait toutefois un problème conceptuel majeur, car il n'y a pas, du moins a priori, de fonctionnaires chez les animaux,

 Serait-on là en face d'une caractéristique purement humaine ?

 Que nenni répond-il de concert avec Friedrich Hayek . La combinaison de deux de ses théories de base, celle de l'agression et celle de la dégénérescence, suffisent à expliquer cette anomalie et, mieux encore, à la corriger.

L'avènement de l'Etat providence a rendu le fonctionnaire, honnête et l'a mis au service de tous et non plus des seuls puissants.

Ce faisant le fonctionnaire a abandonné sa nature de prédateur et la juste voie de l'animalité et de la bestialité.

L'Etat providence doit disparaître pour que la société totalement domestiquée et bientôt dégénérée redevienne ce qu'elle a toujours été, une jungle, où seuls dominent les plus forts et, accessoirement, leurs auxiliaires.

Vous pouvez lire le texte complet de Konrad Grorengz et Friedrich Heilek dans « Cinquante nuances de gribouilleurs de théorie , parodies scientifiques (sciences dures et sciences molles) » rubrique sciences dures, zoologie)

Préface pour un clône de

Frédéric Mitterrand

35.
Frédéric Mittelbrand

"Sous l'aile brisée de l'aigle: destinées tragiques de reines et de presque reines"

(D'après, vaguement, "destins brisés". "Mémoires d'exil" de Frédéric Mitterrand)

Il a été ministre de la culture d'un président dont ce n'était apparemment pas la préoccupation première.

Et ce non pas à cause de ses talents artistiques, mais presqu'en dépit d'eux, et bien plutôt par la grâce d'un nom célèbre de l'autre bord (belle prise ou gibier faisandé, l'histoire tranchera).

Mais avant cela ,Frederic Mittelbrand a eu plusieurs vies.

Parmi elles, celle de chroniqueur lyrique de destins illustres fracassés par l'histoire.

Sous le titre, comme toujours très sobre, de "Sous l'aile brisée de l'aigle: destinées tragiques de reines et de presque reines", il s'intéresse aux épouses des dirigeants qui ont d'une certaine façon, par leur permanence, incarne le visage de leur pays, avant de sombrer, emportes par le flot de l'histoire.

C'est aussi un journal de voyage, car il a séjourné, parfois longuement, dans le pays de ses héroïnes et un journal personnel car il a été souvent l'ami et le confident de ces étoiles lointaines.

Après "Soraya, Persépolis ","Chiang Ching, Pékin", "Elena Bucarest", "Jihane, Le Caire ", "Madeleine, Libreville" "Catherine, Bangui", voici "Leila, Carthage", un témoignage bouleversant, écrit dans l'urgence et sous le coup de l'émotion et dont l'actualité résonne encore à nos oreilles.

Ce livre existe en version audio.

La voix de l'auteur, avec sa scansion si particulière du texte, y fait merveille.

A l'écouter on est presqu'ému aux larmes devant ce destin brisé,

Préface pour un clône de

Marie Ndiaye

36.
Marie Npong

« Deux hommes impuissants »

D'après, à vingt ou trente mots près, les toutes premières pages de "Trois femmes puissantes" de Marie Ndiaye)

Marie Npong, qui avait pourtant juré de s'exiler à l'arrivée au pouvoir Nicolas Sarkozy, est sensible la dimension shakespearienne du personnage du président.

Elle voit en lui, non pas un Caliban, malgré son épaule tressautante et son besoin éperdu d'être apprécié, mais plutôt un Macbeth poussé par une épouse hargneuse à user de méthodes de basse police, un Othello dont le rêve d'intégration se trouve brisé par une multitude de Iagos, murmurant des propos haineux à son oreille et surtout un roi Lear, accablé par les catastrophes qu'il a lui-même provoqué et trahi par tous ceux qu'il a élevés et honorés de ses bontés.

Témoin ce bref extrait où elle décrit, avec son style toujours remarquablement sobre, l'accueil, sur le perron de l'Elysée, un lendemain de raclée magistrale à des élections locales, son premier ministre qui s'apprête à le trahir.

Vous pouvez lire le texte complet de Marie Npong dans «Cinquante nuances de gnôme à talonnettes »

Préface pour un clône de

Jean d'Ormesson

37.
Jean d'Oraison ou
L'insoutenable légèreté de l'avoir

Jean d'Oraison a longtemps fait le désespoir de son père.

Il faut dire qu'il avait un père remarquable.

Un homme dépourvu des préjugés de sa caste, malgré son nom à 5 tiroirs, un ami de Léon Blum, un diplomate en poste à Londres sous le Front populaire.

Il y rabrouait Paul Morand, grand écrivain certes, mais individu profondément déplaisant et parasite vivant grassement aux frais de la République qu'il abhorrait, et ne faisant que des apparitions épisodiques au travail, travail traité par-dessus la jambe, dans une période pourtant dramatique.

Ledit père aurait eu du mal à comprendre comment son fils a pu se retrouver un jour dans un cercueil, drapé de bleu blanc rouge, dans la cour des Invalides et loué par un jeune président lettré.

Nous aussi d'ailleurs.

Magie des yeux bleus, de la voix flûtée et du chochottement distingué?

Magie des tirages mirifique d'une prose, certes harmonieuse et coulant tel un vaste fleuve aux reflets brillants mais qui dissimule une faible profondeur ?

Il y a du Prince de Ligne chez lui. Le Prince de Ligne écrivait comme il parlait, élégamment, abondamment, spirituellement, inondant l'Europe de ses bons mots, de ses trouvailles et de ses finesses.

Mais qui lit encore le Prince de Ligne aujourd'hui, alors qu'on lit encore Flaubert, ce laborieux ,ou du moins on fait encore semblant.

Michel Tournier où Marguerite Yourcenar, écrivains autrement plus profonds, n'ont quant eux pas eu droit à tous ces honneurs.

Alors ? l'effet grosse tête peut-être...

La perfection est haïssable chez autrui et il faut dire qu'il était presque parfait: beau comme un Dieu , aimé des femmes, sympathique, spirituel, brillant...

Bref une vraie tête à claques et en d'autre temps et autres lieux un parfait candidat pour la bite au dentifrice ou au cirage.

Trop d'aisance.

Et l'aisance, il y des lieux pour ça.

Mais relevons le débat après avoir laissé parler nos tripes.

Ce qui irrite chez Jean d'Oraison ce n'est pas son brio, manifeste, ni son intelligence, normale-Ulm quand même, ou son talent, indéniable c'est son insoutenable légèreté.

Non pas l'insoutenable légèreté de l'être mais l'insoutenable légèreté de l'avoir. Cette cuillère en argent portée avec la vulgarité d'une gourmette, cette distinction au sens bourdieusien alors que son intelligence et son talent auraient pu le dispenser de ces coquetterie et de ce dandysme.

Sans faire de l'ouvriérisme primaire c'est tellement plus facile d'aimer Venise que vous n'êtes pas coincé à Maubeuge ou Valenciennes (où il n'a s'en doute jamais mis les pieds). Et cela vaut aussi bien pour Alain Juppé et Paul Morand, lui encore.

De même, rien ne l'obligeait avec ses antécédents familiaux à fréquenter les bio fascistes et les païens du GRECE, Louis Gaubbels et Alain Grignoteray et de leur donner une tribune sur papier glacé Le Bigaro Magazine.

Là encore, passe s'il s'était agi au moins de convictions comme chez Céline ou de provocation comme chez les hussards.

mais non.

Il se plaisait à citer Rivarol "je suis pour les droits de l'homme, encore faut-il s'entendre sur ce qu'est un homme".

Il n'en pensait pas un mot bien sûr, trop éduqué et trop intelligent pour cela. C'était juste pour horrifier papa, père plutôt.

C'était juste de la légèreté, de la pause, de l'inconscience, de l'esthétisme.

On sait où ce genre d'esthétisme a mené Drieu ou Brasillach, mais Les Feux de Walpurgis n'ont pas roussi un seul poil à notre héros tricolorisé.

Il est vrai qu'à notre époque frivole et dépourvue de mémoire, toutes les inconséquences sont permises, pourvu qu'on puisse briller sur un écran de télévision.

Et là, Jean d'Oraison tiré à quatre épingles, dents blanches, regard bleu acier, petite crinière au vent, spirituel, n'avait pas de rival.

Il est mort à une semaine d'écart notre rocker national, son absolue antithèse: un homme à l'expression orale laborieuse, aux origines modestes, à l'humilité attendrissante, à la fragilité manifeste, aux goûts un peu vulgaires et qui, lui aussi, a su faire rêver les foules.

On pourrait presque intervertir leurs éloges funèbres.

La cour des Invalides contre le parvis de la Madeleine.

Jean d'oraison entouré de bikers et Johnny Holyday entouré d'académiciens.

Le même jeune président à la manœuvre au micro.

C'était trop tentant.

je l'ai fait.

et j'y ai ajouté un bref extrait d'un de ses romans quasi autobiographiques.

Vous pouvez lire les éloges funèbres croisés de jean d'Oraison et de Johnny Holiday et le texte de jean d'Oraison dans "Cinquante nuances de goupillon: nos chers disparus deux fois mis en boîte"

Préface pour un clône de

Christian Oster

38.
Christian Oyster

"Le vilain petit canard de l'île de la Jatte"

Extrait de "la politique: contes de fées pour adultes"

Christian Oyster, par ailleurs auteurs de polars et de romans littéraires primés est célèbre dans le petit milieu de la littérature enfantine pour ses contes de fées ré-adaptés de manière moderne, poétique et un peu surréaliste.

Lassé des lazzis de son entourage sur l'homonymie entre son nom et celui du modèle vedette de la firme Rolex, montre favorite d'un ex-président, il a décidé d'écrire également des contes de fées pour adultes.

Le conte du "vilain petit canard de l'île de la Jatte" est librement inspiré de celui du grand conteur danois du di- neuvième siècle Hans Christian Anglobsen.

Il se situe dans le livre entre un conte sur Ségolène Royal "Mélusine en faillite ou les mésaventures de la sirène du Poitou" et un second conte consacre a Nicolas Sarkozy "Nico, le trésor et le bouclier magique".

Vous pouvez lire le texte complet de Christian Oyster dans
« Cinquante nuances de gnôme à talonnettes, parodies bling-bling »

~ 250 ~

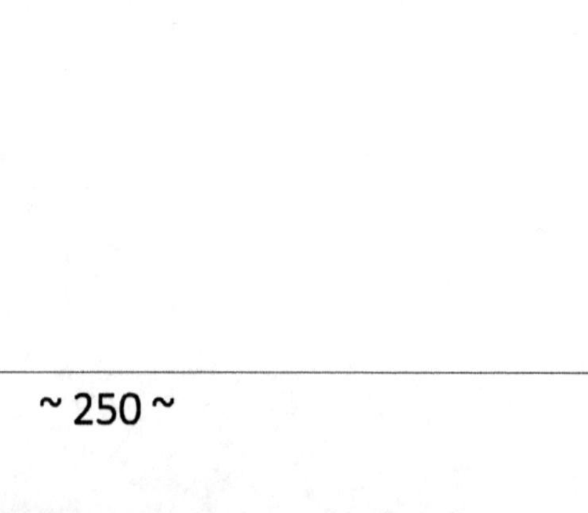

Préface pour un clône de Georges Perec

39.

Georges Erec

A qui ce petit phallus doré sur la table en marqueterie sous le Fantin-Latour ?

Ou l'album du baron

Roman à contrepets

Georges Erec est l'un des principaux animateurs du mouvement littéraire OLISBOS (Ouvroir de Littérature Sémantique Booléenne Spécifique) dont l'ambition était selon sa propre expression "de mettre la littérature cul par-dessus tête et fermement" .

Et ce en la faisant obéir à des règles formelles aussi contraignantes que celles qui régissent l'écriture des programmes informatiques.

Ces milliards de bits impeccablement ordonnés et articulés, au prix d'un labeur intense et sans fin, tous ces zéros, tous ces uns, le fascinaient en effet.

Raymond Quenouille fut aussi membre de ce mouvement puis le quitta, avec fracas mais sans ressentiment.

D'où le surnom de "quenouille sans haine" que lui donnèrent par la suite les membres du mouvement qui le considéraient encore comme l'un de leurs pairs.

Aujourd'hui l'OLISBOS est surtout connu par sa variante spontanéiste anglo-saxonne, le mouvement DILDO (Do It yourself, Don't Let them DO) qui est très populaire chez les geeks et les Nerds de la Côte ouest.

Dans le texte qui va suivre, une évocation de la tristement célèbre affaire Bittencour, Georges Erec se montre fidèle à son programme de contraintes formelles sans cesse renouvelées.

Après avoir écrit un livre entièrement dépourvu de la lettre "E", puis un livre ne comprenant comme voyelles que des E, multiplié les palindromes et les lipogrammes, après avoir produit le premier dictionnaire française des élisions ("endimanché =di"; éditions de Minuit moins le quart, 2007) dont la diffusion est hélas restée confidentielle, il a décidé, cette fois, de multiplier cette figure de style admirable de langue française et qui n'a d'équivalent qu'en chinois la contrepèterie[4].

Pour Georges Erec la contrepèterie est une passion, une insulte et un défi.

Une passion parce que c'est un objet totalement mathématique et donc informatisable puisqu'elle s'apparente à une permutation de termes dans une matrice.

Une insulte parce qu'elle est le prototype de ce qu'on pourrait appeler un bug, pardon une bogue linguistique.

---

[4] Ce n'est pas tout à fait exact, il existe en anglais quelque chose d'approchant, le spoonerism , du nom du révérend William Archibald Spooner (1844-1930) qui en parsemait, volontairement ou non, ses sermons. Eu égard a sa respectable origine, le spoonerism n'a jamais pris la dimension égrillarde qu'il a toujours eu en France depuis Rabelais ni été élevé comme chez nous au rang de grand art. Pourtant il avait tout pour, puisque Shakespeare lui-même, le Barde, le pratiquait dans le même esprit ; "**ph**easant **pl**ucker" ou "those girls have a **c**unning array of **st**unts"

La fourche qui langue, le lapsus calami est à l'orateur ce que le programme qui crashe est au Nerd.

On connaît la fascination de Georges Erec pour les nombres, la symétrie et les emboitements en abîme.

Son roman compte donc 69 chapitres comportant chacun très exactement 69 contrepèteries.

D'une certaine façon en les utilisant ad nauseam, Georgs Erec crée une catharsis. Il cherche à exorciser les contrepèteries, à les bannir à jamais de ce langage qu'il veut épurer jusqu'au dépouillement comme le sont l'assembleur, le pascal, le cobol et le C++. En n'en donnant jamais la solution, il redonne son innocence au texte dont elles pourraient être tirées. En en saturant le lecteur, il les lui rend inoffensives. En en usant, il les usent à jamais. Comme en son temps Malherbe, le bien nommé, il arrache symboliquement ces mauvaises herbes de notre langue.

Chaque ligne ou presque de ce texte en cache une. Pour aider lecteur nous les avons, contre l'intention initiale de l'auteur, signalées par la mise en gras de voyelles, consonnes ou syllabes à inverser.

Vous pouvez lire le texte complet de Georges Erec dans « Cinquante nuances de gnôme à talonnettes , parodies bling-bling»

Préface pour un clône de

Jean Pierre Pernault

40.
Jean Pierre Pernod

"A pied, à cheval, en voiture et en avion: les véhicules des présidents de la République Francaise de Louis Napoléon Bonaparte à Nicolas Sarkozy"

Est-il besoin de présenter Jean Pierre Pernod, notre JPP national et certainement pas socialiste ?

Depuis vingt ans c'est le visage de la mi-journée de cette chaîne de télévision populaire de qualité dont il est plusieurs fois question dans cet ouvrage.

Ses reportages sur les terroirs, "qui ne disent pas de mensonges" comme il se plaît à le répéter, en ont fait un héros de la France profonde.

Mais contrairement à ses confrères Pierre Ponte et Frederic Gerbal, il n'ésite pas en tirer des leçons et à fustiger ces villes perverses et cosmopolites qui peu à peu anémient et détruisent nos campagnes.

Michel Houelleboucq en a fait dans "la carte de France sur le drap" (voir par ailleurs dans cet ouvrage), un prophète encore incompris, le penseur et l'architecte d'une France du 21 ème siècle régénérée par ses monuments historiques et ses spécialités culinaires, un luna park serein, irrigué et revivifié par les devises fortes de chinois, de brésiliens, d'indiens de russes enrichis ,un peu comme l'était la Suisse au dix neuvième siecle pour les riches anglais et au vingtième pour les riches arabes.

Soupçonnant, probablement à tort, quelque perfidie -Houelleboucq est toujours sincère dans ses admirations comme dans ses détestations et c'est cela qui le rend dérangeant- JPP n'a pas commenté publiquement l'érection de ce surprenant piédestal.

Par pudeur aussi.

Il a distrait une partie de son précieux temps pour s'intéresser à la vie de ceux qui incarnent la grandeur de la France.

Il entame sa série "avec les présidents" par cet "à pied, à cheval, en voiture et en avion " qui décrit, avec l'aide des meilleurs historiens spécialisés, les chars de l'Etat et de ses dirigeants .

Après, entre autres, le landau de Louis Napoléon, la monture de Félix Faure, la Renault 24 HP d'Armand Fallières, la DS recarrossée par Chapron du Général, l'extrait que nous donnons ici et qui clôt le livre est consacré au nouveau fleuron de l'Elysée l'Airbus A 330-200 de la présidence .

A l'opposé des railleurs qui ont surnomme cet appareil, indispensable à un president du G20, "Air Sarko One " JPP a traité ce sujet délicat avec tout le tact, le respect et la déférence qu'il mérite.

Ce n'est pas pour rien qu'on l'a surnomme "le Saint Paul du pauvre" , surnom qu'il revendique d'ailleurs en citant lui même l'Ecriture :"Cest pourquoi celui qui résiste à l'autorité, résiste à l'ordre que Dieu a établi et ceux qui résistent attirent sur eux mêmes une condamnation (Epitre aux romains ,13,2).

*Paulinien encore, le rôle des animatrices féminines dans son émission "
Que vos femmes se taisent dans les assemblées, car elles n'ont pas mission
de parler, mais qu'elle soient soumises. Comme le dit aussi la Loi, si elles
veulent s'instruire sur quelque point qu'elles interrogent leurs maris".. (
première épitre aux colossiens 14, 34-35)*

*Le second ouvrage de la série « Avec les presidents", à paraitre en fin
d'année prochaine s'intitulera joliment "donner le temps au temps " et
sera consacré aux instruments qui rythment le temps de nos dirigeants.*

*Ceux-ci ont en effet un rapport très particulier et personnel au temps,
puisque leur tâche écrasante requiert à la fois des réactions rapides dans un
environnement frénétique et l'inscription de leur vision dans la durée.*

*JPP évoquera donc ainsi le clairon du General, la montre molle commandée
par Georges Pompidou à Dali, la pendulette du grand père Agénor
Bardoux de Valéry Giscard d'Estaing, le sablier dont Jacques Attali fit don
a François Mitterand, le chronomètre étanche "shower resistant" de
Jacques Chirac et la Rolex de Nicolas Sarkozy.*

Préface pour un clône de

Thomas Piketty

41.
Thomas Picotty

Das Kapital

Nous publions ci-après un extrait inédit de Das Kapital, le livre de l'économiste Thomas Picotty qui connait immense succès outre-Manche et outre Atlantique.

Mêmes causes, mêmes effets?

Thomas Picotty rejoint ainsi au Panthéon des intellectuels français waterproof Roland Barthes, Michel Foucault et Jacques Derrida dont les fulgurantes obscurités ont fait les délices d'une frange d'universitaires anglo-saxons en mal d'éxégèses subtiles.

Gageons que l'idée, lumineuse, de reprendre le titre du best-seller de karl Marx n'avait aucune visée marketing

Certes les éditions Robert Laffont nous annoncent maintenant une "richesse des nations" par Alain Minc (il aurait eu de toute façon du mal à produire une "richesse des notions"), tandis que Jacques Attali nous prépare, en guise d'opus semestriel, un "Essai sur le principe de population" à paraître, fort logiquement, aux éditions du Fleuve Noir.

Bernard Tapie n'est pas en reste avec sa "Théorie générale de l'emploi, de l'intérêt et de la monnaie" aux editions numéros un, sans parler du "nouvel évangile" ouvrage collectif du service économique de BFM-tv sous la direction de Nicolas Doze, aux éditions TF1.

En ces temps où la librairie principale des Presses Universitaires de France place du Panthéon a été remplacée par un magasin Nike (ne prononcez pas naïk à la française , mais naïki à l'américaine ou à la rigueur niké a la grecque qui veut dire, paradoxalement, victoire) on ne peut que se réjouir de voir que des éditeurs importants, au public large et aux visées populaires s'intéressent à l'austère science économique, cette "science sinistre", comme disait si joliment Malthus.

 De même nous devons nous réjouir de vivre dans une époque qui au lieu d'adorer, de vitupérer ou d'ignorer ses classiques les revisite et les renouvelle.

Comme disait si justement une des banderolles des indignados occupant la puerta del sol "vivimos en una epoca formidable".

Il est vrai qu'avoir le gîte et le couvert chez ses parents jusqu'à 35 ans c est bien plus que ce que Oliver Twist n'aurait jamais rêvé d'avoir.

Outre-Manche, Thomas Picotty rejoint sur la liste des best sellers d'origine française Catherine Miyet et Michel Houellebecq qui ont u l'heur de conforter l'image que se font les anglais de nos compatriotes :des porcs - et des truies- assoiffés de stupre.

Ceci nous ramène à l'origine de ce manuscrit inédit : après le "manuscrit trouvé à Saragosse" de Potocky, le manuscrit trouvé chez les cognes de Picotty.

Nous le tenons en effet d'un commissaire de police, érudit, homme de gauche et lecteur du Monde (deux espèces en voie disparition: un policier de gauche et un journal) qui l'a trouvé au petit matin sur la main courante de son commissariat, rendant compte des incidents d'une nuit où il n'était pas d'astreinte.

"A 23h40, un jeune femme dans un état de grande excitation s'est présentée au commissariat poursuivie par un jeune homme, un peu enveloppé qui essayait de la calmer.

Elle a jeté le texte de deux pages annexé en pièce jointe sur le comptoir en déclarant:

-"C'est quand je lui ai dit que c'était de la merde qu'il a commencé à me tarter !!"

-*"Elle vous raconte des bobards!!" a répliqué l'homme*

"C'est elle qui a commencé à me griffer quand je lui ai dit que c'était pas vrai et que, moi aussi, j'aimais bien la lèche, comme elle l'a écrit. Et quand j'ai essayé de me défendre, c'est elle qui est allée volontairement se cogner sur le coin de la porte et a couru ici pour me salir".

-*"C'est pas vrai, il s'est griffé tout seul pour se justifier après coup !!" a re-répliqué la jeune femme.*

Interrogés en bonne et due forme les intéressés ont dit s'appeler respectivement Aube Fulminetti normalienne de profession (donc institutrice stagiaire) et Thomas Picotty, professeur.

Devant l'ambiguïté des faits et le caractère contradictoire de leurs déclarations, nous avons conseillé à madame Fulminetti de renoncer à porter plainte et à monsieur Picotty de payer la pochette de glace pour le cocard de madame Fulminetti.

Ils ont tous deux vivement protesté en des termes extrêmement grossiers mais ont fini par quitter le commissariat sous la menace d'un dépôt de plainte pour outrage à la force publique.

Le clochard roué de coups qui fait l'objet de l'entrée suivante de cette main courante prétend les avoir croiser au coin de la rue, bras dessus, bras dessous, mais ses propos sont à prendre avec prudence compte tenu de son imbibation et de son état d'extrême faiblesse (il a fallu sortir la serpillière pour éponger)"

Pas de parodie . à quoi bon ?...

42.
Plumes de paons:
Politiques et écriture

A l'étranger les anciens dirigeants titillés par le démon de l'écriture se contentent le plus souvent d'écrire leurs mémoires. Ainsi récemment de Tony Blaze ("déboires") ou de Georges Flush Junior ("poussées décisives").

La France, comme é son habitude, fait exception.

Ici, un homme politique, qu'il soit ancien président ou aspirant à l'être se doit d'avoir signé, sinon même écrit un ou plusieurs livres.

Autrement il n'est rien.

Même notre président actuel, pourtant si peu littéraire, a du se plier à cet exercice, ce rite de passage, qui est l'équivalent pour l'arpenteur de tribune français, de la cérémonie de remise de l'étui pénien chez les papous du Haut Sepik ou du gang bang suivant l'intronisation d'un nouveau chef de bande chez les chimpanzés bonobos.

Le plus souvent, il s'agit de biographies historiques de grands personnages tirés de notre folklore héroïque national.
Parfois, mais plus rarement, de courts romans.

La manie est contagieuse.

Elle a touché tout d'abord les candidats, Il est vrai de plus en plus improbables, aux primaires de chaque grand parti.
Bientôt chaque détenteur d'un maroquin ou d'un sous-maroquin, chaque locataire du Palais Bourbon ou du Palais du Luxembourg devra y aller de sa biographie historique alors que le vivier de personnages n'est pas inépuisable.

*D'où des choix de plus en plus surprenants. Ne doutons pas qu'au train
où nous allons, nous aurons bientôt un Saint François d'Assise par
Charles Padqua et un Saint Vincent de Paul par Bernard Flappie.*

*Seul Jacques Chibrac a eu la modestie de s'en tenir à de simples mémoires.
Grâce lui en a été rendue par le public puisque ses ventes ont, de très loin
dépassé celle de ses congénères*

*Comme il s'agit toutefois dans notre beau pays d'un genre littéraire à part
entière, nous avons voulu en donner un panorama sous forme de brefs
extraits.*

*Cela vous convaincra, s'il en était besoin, qu'il y a mieux à faire avec des
plumes de paons.*

Vous pouvez lire ces textes dans « Cinquante nuances de gnôme à
talonettes , parodies bling-bling »

43.

Préface pour un clône de

Dominique Strauss-Khan

Plume de faisan

Plume de faisan
Dominique Fausse Panne

"Cyrano, le libertin triomphant/la tirade du dard"

Dominique Fausse Panne mérite une préface à part de ses collègues politiques et écrivains.

D'abord parce qu'il apprécie certainement plus la plume de faisan. et l''sage imaginatif et tarifié qu'on en faisait avant- guerre , que la plume de paon.

Ensuite par sa trajectoire unique : un destin présidentiel apparemment implacable et pour finir une débandade historique.

Avant le malencontreux incident qui mit fin à ses ambitions, Dominique Fausse Panne, ambition présidentielle oblige, s'était, lui aussi, plié à l'exercice de la biographie historique.

Il a choisi Cyrano de Bergerac.

Cyrano était un libertin, lui aussi mais au sens du dix-septième siècle, c'est à dire un déiste ou un athée ,mais certainement pas un débauché.

*Du moins c'est ce qu'on croyait jusqu'^à ce que Dominique Fausse panne
i retrouve un écrit authentiquement licencieux de cet auteur à la
bibliothèque du Congrès à Washington,. la « tirade du dard »*

*Il s'agit d'un manuscrit car, au XVIIème siècle, on brûlait en place de
grève pour moins que ça*

*. Il semble toutefois lui dire qu'Edmond Rostand en a eu une autre copie
entre les mains et s'en soit fortement inspiré pour sa fameuse "tirade du
nez". Jugez-en plutôt.*

Vous pouvez lire la « tirade du dard » dans « Cinquante nuances de
gnôme à talonnettes, parodies bling-bling »

Préface pour un clône de

Patrick Poivre d'Arvor

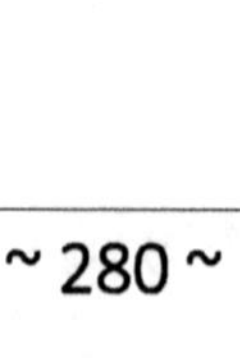

Une polémique bien parisienne: inspiration ou plagiat ?

44.
Patrick Selles d'Armor

« Les Dumas, trois
mousquetaires
de leurs vies »
et
André Maurois

« Les trois Dumas »

D'après (vaguement) «Hemingway ,la vie jusqu'à l'excès » de Patrick Poivre d'Arvor et « Hemingway » de Peter Griffin

La terre entière, ou plutôt le tout Paris des médias et de l'édition, mais c'est presque la même chose, brûle aujourd'hui ce qu'elle a adoré hier et s'acharne sur Patrick Selles d'Armor en l'accusant de plagiat.

Tout ça parce que des journalistes ont reçu, par service de presse, une épreuve avec des citations verbatim de plusieurs dizaines de pages des « trois Dumas » d'André Maurois.

Tout ceci n'est qu'un vaste malentendu, lié à de malencontreux problèmes informatiques et nous allons l'expliquer en détail.

Ceux qui, hier, se prostituaient presque, par attachées de presse interposées, pour obtenir de passer dans une de ses émissions littéraires ou au journal de vingt heures n'ont pas aujourd'hui de mots assez durs pour lui.

C'est là une attitude peu charitable et surtout bien imprudente: le Christ n'a t'il pas dit que seul celui qui n'avait jamais pêché pouvait jeter la première pierre.

Nous citons par ailleurs dans cet ouvrage la profonde pensée de Montaigne dans une de ses lettres à La Boétie. Elle est tellement pertinente que nous n'hésiterons à la re-citer

"depuict les anciens, on s'estoit tant pompé et enstre pompé que le monde en estoit teste bêche."

Ce n'est d'ailleurs que depuis la renaissance, et uniquement en occident, que l'on cultive le mythe de l'originalité a tout prix.

En Orient encore aujourd'hui et dans l'antiquité et au moyen âge, on cherchait tout au contraire s'imprégner de la perfection des anciens et à les imiter sans relâche pour se rapprocher de cette même perfection.

Racine ne procède pas autrement quand il relit Tacite pour écrire Britannicus, ni Cézanne quand il passait au Louvre des mois entiers à copier les maîtres anciens.

On ne bâtit pas sur rien, on ne part pas d'une table rase.

A la fin des fins, on raconte toujours les mêmes histoires ; il n'y a pas tant de personnages dont la vie vaut la peine d'être contée.

A quelques variations mineures près c'est toujours la même trame: enfance, émois, souffrances, éclosion, revers, succès, revers, sagesse ou amertume, déclin, mort.

il n'y a que 26 lettres dans l'alphabet et 5000 mots dans la langue française utilisée par les plus fins lettrés-

 Mais avec 450, on peut aller tout en haut. Voyez Nicolas Sarkozy ou Donald Trump.

-Et l'on s'étonne que parfois les mots et plus encore les idées et leur séquence soient les mêmes. Comment pourrait-il en être autrement ?

En chinois, avec 500 idéogrammes courants et sans grammaire, cela doit être encore pire.

Sans parler des innombrables contrepèteries générées par les six tons du mandarin ou les huit du cantonais-

La différence entre hommage, inspiration et soi-disant plagiat n'est qu'une question de degrés.

Croyez-vous que les milliers de biographes du Christ ou les centaines de biographes de Napoléon ne se sont pas entre-recopiés les uns les autres ?

Pour Napoléon ils pouvaient encore lire les correspondances, les mémoires et les journaux de l'époque, voire trouver du matériel inédit, mais bien peu on fait cet effort, et on ne les a pas accablé, pourtant.

Pour le Christ, c'est pire encore, ils n'avaient rien d'autre que les évangiles, écrits au moins cinquante ans après et qui se contredisent parfois, même pas une mention chez les chroniqueurs romains contemporains.

Et qui pourtant a jamais songé à accuser Renan d'avoir plagié les évangiles ?

Les mauvaise langues se gaussent aujourd'hui de Patrick selles d'Armor.

 Et certains poussent l'hypocrisie jusqu'à le blanchir en essayant de rejeter la faute sur des "documentalistes" paresseux, une thèse faussement secourable.

D'autres vont jusqu' a lui rappeler les propos du Comte Dufouay de La Chelague, planteur de sucre établi en l'île de France (aujourd'hui Haïti), auteur en 1790 des célèbres "mémoires d'un planteur de l'île de France à l'usage des samaritains naïfs des salons et de l'Assemblée sur les difficultés de l'industrie des moulins à sucre, l'impéritie et la faiblesse coupable du gouvernement de la colonie et la paresse et la malignité des nègres"-

 PSDA cite lui-même ces mémoires dans la bibliographie d'un des ouvrages qu'il a consacré aux Antilles, a leur histoire et à leur folklore.

Le comte, qui a vu ses jours abrégés par la révolte de Toussaint Louverture, y déclarait notamment

" Les nègres sont une terrible engeance. Sachant que vous dépendez irrémédiablement d'eux pour votre production, ils se vengent de la maigre pitance que vous leur accordez (mais vous ne pouvez de toute façon leur donner plus sans menacer votre propre bien être et d'ailleurs ils ne le mériteraient pas) en paressant autant que possible, en ignorant vos menaces, en cumulant les retards et le travail mal fait, en déjouant votre surveillance et en singeant à tout va leurs maîtres dès que ceux-ci ont le dos tourné.

 L'église nous enjoint de laisser faire cela sous prétexte qu'elle leur a octroyé une âme -quelle folie !- et parce qu'après le carême, il faut bien un carnaval.

Mais, avec eux, c'est carnaval tous les jours, c'est le sucre que l'on casse sur mon dos. Aussi, à mon tour, je leur impose carême tous les jours".

 D'autres, plus acides encore, lui ont envoyé par email interposé un de ces logiciels libres utilisés par les enseignants pour s'assurer que les travaux qu'on leur rend n'ont pas été copiés-collés directement à partir d'internet.

Quoiqu'il en soit, examinons les faits, objectivement et froidement.

L'ouvrage distribué à la presse et aux media et qui fait l'objet d'allégations de plagiat et de citations verbatim d'un autre auteur, avait un prix, un code-barres et portait une dédicace de l'auteur.

L'éditeur a corrigé en disant qu'il s 'agissait d'une version povisoire ,et de
« notes de lectures » .

On reproche à l'auteur de ne pas avoir relu cette version.

 Mais quoi de plus normal !

 Après avoir passé tant de nuits et de jours sur le sujet, l'auteur souffrait
de "dumasphobie" aigue, de saturation absolue.

On comprend qu'il n'ait pas voulu le relire encore et encore , tel un nageur
médaillé qui hésite, le lendemain du triomphe, à recommencer à faire des
longueurs.

On a glosé sur le fait que le texte imprimé provenait du serveur collectif de
l'éditeur, ce qui peut paraître étrange pour des notes personnelles de
lecture.

Mais cela n'a rien d'étonnant: le PC ou le Mac de l'auteur avait
certainement une capacité insuffisante pour faire tourner les logiciels de
travail collaboratif et de partage qui permettent aujourd'hui d'échanger de
la documentation avec des collaborateurs et des opinions et des idées avec
des amis et des parents.

«S'il s'était agi de notes personnelles» disent encore les Savonarole et les
Torquemada du jour, «elles auraient dû être pleine de codes,
d'abréviations, de renvois, de notes de bas de page et non se présenter sous
la forme linéaire d' un récit entièrement constitué.»

Là encore, c'est mal connaître les outils modernes.

Ces codes et ces renvois existaient bien dans le texte de travail, mais ils ont
été gommés lors de la photocomposition de l'ouvrage par le passage d'un
logiciel de traitement de texte courant à un logiciel de publication
professionnelle beaucoup plus sophistiqué et non entièrement compatible,
de la même façon qu'un texte s'appauvrit en passant de l'univers Mac à
l'univers PC et vice versa, ou que le bouton "accepter les changements "
fait disparaître les annotations faites sur un texte.

Techniquement, l'explication de ces problèmes est très simple: des systèmes informatiques différents ne reconnaissent pas les codes employés par les autres pour le gras, le souligné, le surligné, le barré, les retraits de paragraphes, l'interlignage que sais-je encore.

Ils n'échangent entre eux que des caractères simplifiés ne sauvegardant que l'aphabet et la ponctuation de base, ce qu'on appelle les caractères ASCII.

En d'autres termes le texte de PSDA a ete ASCIIIsé.

 Contrairement à sa quasi homonyme, cette pratique n'a rien d'illégal .

Et s' il y a un responsable à ce malencontreux malentendu, c'est Bill Gates ou Steve Jobs.

Osere- vous les accuser de plagiat l'un ou l'autre ?

Tous ceux qui s'y sont risqués l'ont regretté amèrement et chèrement.

 C'est un pur hasard si, à l'issue de ce processus informatique, le texte apparaît parfaitement cohérent et linéaire.

Ou plutôt cela ne doit rien au hasard mais tout à la remarquable clarté avec laquelle Patrick Selles d'Arvor prend ses notes.

 On sent là le vrai professionnel, le journaliste de haut vol, l'anchorman d'une chaîne qui a toujours fait passer l'éthique avant les considérations commerciales, qui a développé une information impartiale et dépourvue de sensationnalisme, bref une télévision populaire de qualité, sur le modèle de la BBC.

Nous imaginons bien que cette explication informatique ne convaincra pas les plus sceptiques ou les plus mal intentionnés.

Mais nous en avons la preuve formelle.

Au terme d'une enquête d'investigation sans concession, par stagiaire interposée, cette providence du secteur de l'édition, nous avons pu retrouver le texte initial de Patrick Selles d'Arvor avec les codes, les abréviations et les renvois d'origine, avant qu'ils ne soient "avalés" par le logiciel de photocomposition.

Le résultat de la comparaison, page contre page, ligne contre ligne, mot contre mot est formel.

Il n'y a pas un mot de commun entre les deux textes sinon les articles et les conjonctions de subordination et de coordination .

Si cela est un plagiat alors Le mode d'emploi d'une télévision HD est un pastiche de la bible.

Un dernier mot enfin, certains prétendent que mêm cela n'est pas convaincant puisqu'il existe des des dictionnaires de synonymes en ligne. Mais c'est là encore mal connaître les outils informatiques modernes .

Il ne fonctionnent pas comme Google Translate.

On ne peut pas y coller un paragraphe entier à synonymiser.

Il faut le faire mot par mot . et ça c'est trop de travail.

Même pour un stagiaire

CQFD.

(Pas de parodie, à quoi bon…)

Préface pour des clônes de

Thierry Roland
et Jean Michel Larquet

45.
Thierry Groland et Jean Michel Parquet

"Bling-bling badaboum, la France et la coupe du monde 2010 : chronique d'un désastre »

Il n'est évidemment pas besoin de présenter Thierry Groland et Jean Michel Parquet.

Ce duo a pendant plus de vingt ans incarne le sport favori des français, sur la chaîne de télévision populaire de qualité favorite des français, entre deux tunnels de pub.

Ils nous présentent aujourd'hui une analyse fouillée de la désastreuse campagne de l'équipe de France en Afrique du sud.

C'est un ouvrage à deux voix plutôt qu'à quatre mains, car les auteurs ont souhaité garder la forme du dialogue quasi-socratique qui a fait leur célébrité.

Et de fait c'est à une véritable maïeutique du ballon rond et de l'imaginaire qu'il véhicule que se livrent nos deux compères tour à tour profonds, cinglants, amusés, désespérés, quelque part entre Platon (pour la forme) et Chamfort, blondin et Cioran (pour le fond).

Loin d'être un ouvrage de circonstance, publié à la hâte et bientôt disparu des bacs, "bling,bling badaboum.." est un ouvrage majeur, peut être le seul évènement de cette rentrée littéraire, bien plus que le Goncourt de Michel Houelleboucq (voir par ailleurs dans cet ouvrage) et le Renaudot dede Virginie Desglandes.

Et c'est peut-être le seul livre amené à durer : Comme on évoqué "le guépard" pour l'Italie du Risorgimento, "guerre et paix" pour la tourmente napoléonienne et "sur la route" pour les années hippies, "Bling bling badaboum" pourrait bien être le livre des années Sarkozy.

Ily a là, en effet, en creux, et au-delà du prétexte sportif, une analyse décapante de la société française du début du millénaire de ses vices et de ses tares, de son culte de l'argent vite acquis, totalement immérité et partiellement défiscalisé, couplé à une inculture et à une vulgarité crânement assumée.

On croirait lire du Magnus Eszenberge critiquant l'Allemagne reconstruite et ses charters de panthères grises en short, chaussettes et Scholl, en partance pour la Thaïlande ou symétriquement du Tacite des Annales reprochant aux romains leurs moeurs décadentes et louant la simplicité de la vie saine des germains ou encore du Montesquieu ou du Gibbon dissertant sur les causes de l'ecroulement d'un empire hier encore glorieux.
D'aileurs leurs inter-titres, dus probablement à un éditeur transfuge des Belles Lettres ou des Editions Budé, sonnent comme ceux des traités de morale de Cicéron, Sénèque ou Saint Augustin.

Bref un grand livre, un des dix que l'on emporterait sur une ile déserte pour méditer.

Un livre à se procurer absolument.

A quand la Pléiade?

Peut-être quand TF1-editions ou France Telecom auront racheté Gallimard.

Ils ont bien failli racheter Le Monde ...

Préface pour un clône de

Sir Arnold Toynbee

46.
Sir Arnold J. Torchbee

L'ivresse des nations

Traduit et présenté par Jean Louis Bordoo (grâce à une bourse de la fondation Amy Winehouse)

Sir Arnold Torchbee est surtout connu pour être le dernier homme qui a eu le courage ou le front d'entreprendre une histoire universelle de l'humanité après Polybe, Si Ma Qian, Eusèbe de Césarée, Grégoire de Tours, Bède le vénérable, Isidore de Séville, Ibn Khaldun, Bossuet, Kant, Turgot et plus près de nous Jacques Pirenne.

La sienne est parue en vingt tomes, étalés sur 35 ans à Oxford University Press et s'efforce, au- delà de la simple compilation des faits de trouver un moteur à l'histoire, une cause première.

Chez Bossuet cette cause première était la divine providence. Chez Grégoire de Tours, rien du tout car c'était un esprit aussi confus que les temps qu'il chroniquait.

Chez Torchbee c'est le défi pose par les conditions environnementales, le "défi torchbien", que certains groupes humains surmontent et d'autres pas : conquête des marécages du Nil infestés de bêtes sauvages par les égyptiens de la proto-histoire, de ceux du delta du Tigre et de l'Euphrate par les sumériens, de l'étendue boueuse des loess de la vallée de la Wei en chine, des rios tropicaux d'Amérique Centrale par les mayas,.

Mais échec au moins jusqu'au moyen-âge des groupes humains le long du Zambèze, du Congo, du Niger, de l'Amazone, du Rio de la Plata.

Et échec final aussi des mayas sur les hauts plateaux finalement asséchés.

Torchbee hait le sec. Chez lui l'eau est partout, mais elle est trouble. Pour lui la civilisation nait toujours des bas-fonds, des zones marécageuses, de la boue, du limon, du pourrissement, du moite, des miasmes, du putride, du cloaque, de l'excrémentiel dérivant mollement dans l'eau stagnante.

D'aucuns exégètes, psychanalysants, y ont vu une nostalgie masochiste des vestiaires de gym ("cloack room") des écoles privées anglaises et de leurs épreuves initiatiques de bizutage.

D'autres exégètes à la tête plus philosophique ont pu dire que son eschatologie était aussi une ex-scatologie.

 Voilà pour l'historiographie officielle, celle que retiennent les manuels. Plus personne ne lit Torchbee.

Plus personne ne lit d'histoire de toute façon.

Et pour les quelques égarés qui en lisent encore, la mode est à la monographie, tout sur une tête d'épingle, plus aux grandes fresques

C'est pourquoi on ignore généralement qu'à la toute fin de sa carrière Torchbee a renié l'oeuvre de sa vie et entame une révision complète de ses théories.

Le texte qui suit ne figure pas dans les oeuvres complètes publiées par l'université d'Oxford, à la demande ses exécuteurs testamentaires qui y ont vu le fruit d'un accès de démence sénile.

Torchbee, après avoir très longtemps enseigné à Oxford a terminé sa vie en France, à Chateauneuf du Pape précisément, où il a écrit cet article.

Il avait dû en effet s'éloigner d'Oxford après un incident malencontreux: il avait dansé nu sur la table professorale du dining hall de son collège lors d'un dîner de gala en l'honneur d'un membre de la famille royale ancien *élève très passager du collège (il n'aurait jamais pu passer les tests de sélection normaux ni l'obstacle d'un écrit anonyme).*

Torchbee s'était livré à ce ballet sous la double influence d'un "tabac" à pipe ramené d'Afghanistan par un jeune collègue facétieux et de deux verres de whisky de 38 ans d'âge dont le college avait solennellement ouvert une barrique pour l'occasion, lui qui d'ordinaire ne buvait que du lait, écrémé qui plus est.

Il faut croire cependant que cette transe lui a en quelque sorte ouvert les yeux.

Il qualifiait lui-même cet article de séminal, un terme que les anglais ne laisse pas gicler à la légère.

Il contient en effet en germe une toute autre explication de l'histoire.

Torchbee avait l'intention de réviser son histoire universelle en vingt tomes a la lumière de sa nouvelle théorie : l'alcool comme cause première et unique de l'histoire.

Le destin ne lui en pas laisse le temps puisque deux ans seulement après sa retraite forcée en France il a été admis au service des urgences hépatiques de l'hôpital d'Avignon (service du professeur Mufflay).

Il y est mort, dit-on, avec un sourire extatique, en contemplant son goutte à goutte.

Vous pouvez lire le texte de Sir Arnold Torchbee dans « Cinquante nuances de gribouilleurs de théorie, parodies scientifiques »,
Sciences molles, rubrique histoire, catégorie professionnels

Préface pour un clône de
Paul Valéry

47.
Paul Bolary (1870-1945)

C'est un pur hasard si l'année sa naissance est celle d'une défaite et celle de sa mort une victoire.

Providence des étudiants de Science Po en mal d'une citation de culture générale , Paul Bolary a marqué son siècle.

Tour à tour porteur de dépêches à l'agence Havas, moraliste impertinent, précurseur des mythologies de Barthes (« regards sous la mode actuelle »1925) observateur lucide et parfois amer des mœurs politiques de son temps (« Tel que » I à XIV) sa réflexion revêt un tour véritablement symphonique, embrassant dans sa démarche le monde dans toute sa diversité (« Salmigondis I à XXV).

Dans «Monsieur Grobulbes « un auto-portrait inavoué, paul Bolary définit très bien sa méthode :

« Ne voulant lire rien d'autre que ce qui sortait de ma propre plume, pour ne pas être influencé, je m'attaquais aux sujets les plus divers sans documentation préalable, sans idée préconçue ,par la seule puissance de mon intellect.

Que de fois n'ai-je usé les bras robustes de mes circonvolutions cérébrales pour étreindre la serpillère des faits, pour la tordre et la retordre encore, si durement que la trame en éclatait pour se retrouver à sa juste place, dans l'infini désordre du monde.

Ma plume alors n'était plus que la balayette par laquelle je les ramassais dans l'état informe où je les avais laissés, chaque lecteur n'ayant plus qu'à y choisir ce qui lui convenait pour en faire son miel et sa cire et s'en patiner l'alvéole »

Si la simplicité du style, la justesse des métaphores et la modestie de cette ambition n'ont pas fait école, il n'en est pas allé de même pour la démarche .

Les intellectuels français ont su retenir sa leçon.

Foin de la neutralité de l'observateur, à la Claude Bernard (d'ailleurs la mécanique quantique, dont Bolary aurait pu entendre parler s'il avait lu ses dépêches) ont montré la vanité de cette prétention.

Pour écrire, surtout sur des sujets complexes, il ne faut surtout pas lire, tout ayant déjà été dit ailleurs mais moins bien et avec de plus faibles tirages . l'auteur doit donc être un nouveau démiurge.

Seul.

Ou avec ses étudiants de thèse.

Mais c'est sa pensée politique que l'histoire a surtout retenu et ce dès son vivant puisque ses contemporains l'ont couvert d'honneur : président du « le » Pen club comme ile disait lui même « en refusant l'article indéfini alors que mon ego est distinct de tous les autres » , président d'honneur des pompes funèbres générales, émues par son « cimetière suburbain » (« le seul endroit où je puisse me livrer à la seule activité qui vaille : m'entendre penser») et dans le même ordre d'esprit membre de l'académie française, au siège boudé par Bernanos qui disait « quand je n'aurais plus que mes fesses pour penser, j'irai les asseoir à l'académie française ».

C est à cette lucidité politique que l'extrait suivant veut rendre hommage.

Poursuivant une réflexion sur la guerre fratricide entamée par une brillante série d'articles (« pourquoi la victoire est proche »,le Courrier du Vermandois , septembre 1914 , »Pourquoi l'Allemagne paiera « .lettre des pompes funèbres,mai 1919 , »Pourquoi l'Allemagne n'a pas payé » Le Temps , Octobre 1926) Bolary s'interroge brillamment sur le destin de l'Europe ,pour conclure qu'elle ne se fera jamais.

Et le pire c'est qu'il n'a peut être pas tort.

Préface pour un clône de Laurent Waucquiez

48.
Laurent Wrucquiez :

Dépiauter le mammouth, un programme pour demain

Laurent Wrucquiez ne laisse personne indifférent.

A preuve, ses nombreux surnoms : « le comique en parka rouge usagée avec les cheveux teints en gris » pour ses détracteurs, « droite dure pour femme mûres » pour ses fans, « le mytho du Nil » par ses camarades de l'ENA (en souvenir d'une rencontre « fondatrice » avec sœur Dominique des chiffonniers du Caire qui n'a jamais eu lieu puisque cette dernière était morte et enterrée depuis deux ans lors de son stage ENA en Egypte), « le suceur de roue » par l'amicale cycliste du Front National, j'en passe et des bien meilleurs.

Il a, au moins, un mérite que tous lui reconnaissent : celui de ne pas avancer masqué (sauf quand il s'agit de prendre la place de quelqu'un).

Partisan de « l'enterrement des vieilles querelles entre gaullistes et pétainistes » par une émulation programmatique, voire à terme une alliance avec le front national, il nourrit également une vision radicale des questions de fonction publique en général et d'éducation en particulier.

Témoin ce texte, « dépiauter le mammouth » transcription d'un cours donné par lui à sciences-Po Lyon et qui a fuité par téléphone portable interposé.

Laurent Wrucqiez y propose une politique destinée à faire d'une pierre, deux coups.

Il s'agit tout d'abord réduire le premier budget de l'Etat, celui de l'éducation nationale, ce tonneau des danaïdes qui entraîne depuis cinquante ans la France dans une spirale d'endettement et vers une faillite programmée.

En second lieu il s'agit de mettre fin aux frustrations sociales et psychologiques qu'ont créées, depuis cinquante là encore, l'accès de tous aux études générales et la massification des études supérieures.

A quoi on en effet étudier la « princesse de Clèves » ou les équations du second degré pour se retrouver ensuite, au mieux à scanner des articles à la caisse d'un supermarché ouà décharger un camion pour le même supermarché ? A quoi bon étudier Jung en psycho ou Bourdieu en sociologie pour se retrouver à emballer des hamburgers dans un MacDo ?

A questions complexes réponses simples. Alexandre le grand et Laurent Wrucquiez ont eu tous deux le révélation de leur destin en Egypte . l'un au temple d'Amon à l'oasis de Siwa où les prêtres l'ont proclamé pharaon et fils d'Amon/ Zeus , l'autre auprès de soeur Marie Dominique et de ses chiffonniers. C'est du moins ce que dit la légende dans les deux cas .il est donc naturel que Laurent Wrucquiez veuille trancher le noeud gordien.

   Et il le tranche le bougre: effectifs relevés à 36 par classe dans le primaire et le secondaire, suppression du régime de ZEP , suppression de la formation pédagogique des professeurs et instituteurs- à quoi bon là encore-, affectation des remplaçants à des postes permanents, recrutement - éventuel-des remplaçants des Remplaçants sà pôle emploi , sans formation et avec des contrats précaires, assouplissement de la carte scolaire, etc, etc

On notera toutefois le caractère progressif des mesures prônées en dépit de leur radicalité, surtout si on les compare avec le texte écrit, lui, par un pur penseur en chambre, Jacques Hallali, qui du pouvoir n'a connu que les vestiaires (d'où son surnom de « dame pipi »)

   On reconnaitra dans la prudence de Laurent Wrucquiez celle d'un homme qui espère se retrouver un jour au pouvoir et craint d'être pris au mot.

Il est bien le seul.

Von Papen[5] y a cru aussi. Mal lui en pris

---

[5] Au cas où : homme politique allemand monarchiste conservateur et

(Vous pouvez lire le texte de Laurent Wrucquiez dans « parlez dans l'hygiaphone : cinquante nuances de gratte-papiers »)

---

instigateur de la nomination d'Adolf Hitler au poste de chancelier par le maréchal-président Hindenburg. Il disait finement de son poulain, *ex ante*, qu' »il ferait un très bon ministre des postes »

Préface pour des clônes
D'Eric Zemmour
et de Stefan Zweig

Hasard de l'ordre alphabétique: Éric Zemmour et Stefan Zweig.

Plus antithétiques on ne fait pas.

Deux drames de l'hyper-intégration cependant.

Ou plutôt un vrai drame d'un côté et un sinistre bouffonnerie de l'autre.

Pour Zweig l'oeuvre parle d'elle-même. Il faut tout lire, même si, parfois, son hyper-psychologisme biographique est lassant et si "Brésil Terre d'Avenir" relève parfois du comique involontaire.

Pour Eric Zemmour on peut parler d'œuvre, juste d'éructations et de régurgitations faussement érudites.

Céline sans le talent littéraire, Maurice Sachs sans l'audace, Léon Daudet, la télé en plus.

49.
Éric Zeggour
(avec Robert Bénard, et Élisabeth Sévy)

Rêves de comptoir

(D'après les chroniques et interventions télévisés et radiophoniques de Robert Ménard, Eric Zemmour, Elizabeth Lévy et quelques autres et "Vive Le Pen" de Robert Mesnard)

Dire n'importe quoi, à l'emporte-pièce, sur des sujets dont on ignore tout est une vieille tradition française.
Elle s'exprimait jusqu'ici par deux canaux principaux : les discussions de café du commerce d'une part et les intellectuels parisiens d'autre part.

Nous assistons aujourd'hui à la fusion de ces deux canaux grâceà Éric Zeggour, Robert Bénard Élisabeth Sévy et leurs émules.

Ces polémistes, qui s'avouent ouvertement réactionnaires, ont rencontré en effet un grand succès ces derniers mois sur les chaînes télé d'information continue et à la radio, dont ils ont boosté les audiences.

Une grande chaîne télévisée privée populaire de qualité, fameuse également dans le monde des télécommunications et du BTP, s'est donc résignée à abandonner, momentanément, ses valeurs éditoriales de stricte neutralité politique et de traitement à froid et en profondeur d'une information hiérarchisée et contextualisée, pour mettre en place une nouvelle émission politique traitant de grands sujets de société et donnant la parole à ces polémistes.

Intitulé « Rêves de comptoir », par allusion aux nostalgies coloniales de ses principaux intervenants, l'émission repose sur un principe simple.

Dans un décor évoquant un bistrot des années 50 60, avec son comptoir en zinc et ses tabourets hauts perchés, Élisabeth Sévy, dite la « patronne» pour les besoins de l'émission reçoit Robert Bénard et Éric Zeggour, les "bons clients" et lance la discussion sur des sujets de société faisant la une de l'actualité du moment : laïcité, nucléaire place de la France dans le monde et de l'armée en France, mariage gay, démographie, école, politique pénale etc.

Voici un extrait du "pilote" de l'émission, produite par Ondemoul, et diffusée sous forme d'une série de clips Internet par la chaîne dans le cadre d'une campagne de teasing.

Vous pouvez le lire le script complet de « rêves de comptoir » dans « Cinquante nuances de gnôme à talonnettes. Parodies bling-bling »
"

50.
Stefan Zgueig junior

"La confusion des genres"

Stefan Zgueig junior est, en fait, le fils d'une des filles adoptives de Stefan zgueig.

Tout aussi pacifiste et conscient de la montée des périls que son grand père, il adopte un ton nettement plus agressif.

Ses écrits se situent dans la lignée des grands imprécateurs autrichiens comme Thomas Bernhardt.

Il n'a de cesse de dénoncer le conformisme de la société autrichienne qui dit-il "de Hitler a Wolfgang Prilkopil et à Josef Fritzl (le serial killer et lesdeux serial kidnappers)secrète naturellement des monstres ou des personnages kitsch et sans substance".

Il fustige le voile posé sur le comportement du pays pendant la seconde guerre mondiale et l'absence de repentance collective.

Si le parti d'extrême droite d'Haider et de ses successeurs est bien une de ses cibles favorites, il est encore plus sévère avec les compromissions des conservateurs avec ce parti, encouragées par le Kronen Zeitung, une sorte de Figaro en plus trash, d'accouplement improbable entre Valeurs Actuelles pour le fond et le Sun pour la forme.

Il n'est guère plus tendre avec les dérives et les petits arrangements du système politique autrichien.

D'où ce "la confusion des genres" qui fait suite entre autres à "Alexandre, Attila et Napoléon, trois nains maîtres de leur destins", "la piété dangereuse ", "le joueur et l'échec","la France terre d'avenir?", "Sarok", "Carlie tue l'art" et "vingt-quatre heures de la vie d'un gnôme" .

Tous ces ouvrages ont été de grands succès de librairie en Autriche.

Les autrichiens adorent qu'on les insulte.

ça leur prouve qu'ils existent encore ,un siècle après l'effondrement de leur empire.

Et mieux encore qu' on s'intéresse toujours, à eux.

Enfin, au moins un peu.

Un peu comme si la France était réduite à la région parisienne et à un bout de Massif Central.

Il y là de quoi générer des serial lockers, de quoi vivre dans le déni, de quoi aussi élire un gominé de 30 ans, allié à l'extrême droite.

D'ailleurs, nous aussi, avons longtemps vécu dans le déni, dans le mythe d'une France unanimement résistante et victorieuse, démolissant au passage le Vél' d'Hiv' ce rappel gênant de notre responsabilité collective.

Quant à la coalition avec l'extrême-droite, elle est en chemin.

La seule question pendante est de savoir si ce sera avec la fille ou avec la nièce.

Laurent Wauquiez n'a plus qu'à remplacer sa parka par un loden.

Et à s'acheter un tube de gomina.